VISIBILIDADES E DESAFIOS

Estratégias pedagógicas para abordagem da questão étnico-racial na escola

WILMA DE NAZARÉ BAÍA COELHO
NICELMA JOSELINA BRITO SOARES
(Org.)

VISIBILIDADES E DESAFIOS

Estratégias pedagógicas para abordagem da questão étnico-racial na escola

MAZZA
edições

Capa
Túlio Oliveira

Revisão
Flávia Almeida

Projeto Gráfico e diagramação
Anderson Luizes

MAZZA EDIÇÕES LTDA.
Rua Bragança, 101 | Pompeia
30280-410 | Belo Horizonte | MG
Telefax: + 55 31 3481 0591
edmazza@uai.com.br | www.mazzaedicoes.com.br

V381 Visibilidades e desafios: estratégias pedagógicas para abordagens da questão étnico-racial na escola / Wilma de Nazaré Baía Coelho; Nicelma Josenila Brito Soares (organizadoras). — Belo Horizonte : Mazza Edições, 2011.

160 p. ; 16 x 23 cm

ISBN: 978-85-7160-532-9

1. Educação – Raça – Fatores Étnicos. I. Coelho, Wilma de Nazaré Baía Coelho. II. Soares, Nicelma Joselina Brito.

CDD: 370.19342
CDU: 37.017

Agradecemos ao Ministério da Educação (MEC), por intermédio da Secretaria de Educação Continuada, Alfabetização e Diversidade (SECAD), mediante ação do Programa de Ações Afirmativas para a População Negra nas Instituições Federais e Estaduais de Educação Superior (UNIAFRO), pelo financiamento do curso.

Ao CNPq pelo fomento à pesquisa no Projeto "**Valores e Hierarquias entre jovens estudantes de Belém do Pará: cor, raça e preconceito – 2010-2012.**", pelo financiamento das bolsas de Iniciação Científica, que viabilizaram as orientações de pesquisadores iniciantes, os quais somaram esforços em todas as etapas do Curso de Especialização.

À Universidade Federal do Pará pela cessão do espaço físico e cessão de funcionários para o apoio na infraestrutura do curso.

Aos professores da UFPA e convidados que ministraram cursos na Especialização, os quais contribuíram enormemente para a qualidade almejada por todos nós: Profa. Dra. Wilma Coelho (IFCH/UFPA); Prof. Dr. Aldrin Figueiredo (IFCH/UFPA); Profa. M. Sc. Ana Del Tabor Magalhães (ICED/UFPA); Prof. M. Sc Carlos Aldemir da Silva (UFRN); Profa. M. Sc. Edileuza Souza (UNB); Profa. Dra. Florentina Souza (UFBA); Prof. Dr. Genylton Rocha (ICED/UFPA); Profa. Dra. Magda Ricci (IFCH/UFPA); Prof. Dr. Márcio Couto (IFCH/UFPA); Prof. Dr. Mauro Coelho (IFCH/UFPA);

Profa. Dra. Mônica Lima e Souza (CAp/UFRJ); Prof. Dra. Rosa Elizabeth Marin (NAEA/UFPA); Prof. Dr. Sales Augusto dos Santos (UNB); Profa. Dra. Selma Pantoja (UNB); Prof. Dr. José Maia Neto (IFCH/UFPA); Prof. Dr. Jonas Marçal Queiroz (UFV); Profa. Dra. Josenilda Maués (ICED/UFPA); Profa. M. Sc. Nicelma Brito (GERA) ; Prof. Dr. Paulo Sérgio Corrêa (ICED/UFPA) e Prof. Dr. Paulo Vinicius da Silva (UFPR)

À FADESP pelo apoio institucional, pelo compromisso, seriedade e competência com que realizam suas ações profissionais, peço licença para agradecer, em especial aos funcionários Ricardo José e Raimundo Lemos (Setor de Diárias e Passagens), Natalia Raiol e Tassiane Gomes (Setor de Projetos – Extensão), Gleidson Carvalho e Cyntia Brito (Setor de Compras e Serviços), Cleidy Lopes (Setor de Licitação e Importação) e Carla Lobato (Pregoeira).

A todos os integrantes do Núcleo GERA, sem o apoio dos quais não seria possível realizar o curso dentro de nossas expectativas iniciais.

A Ana Del Tabor pela parceria qualificada e pelo trabalho desenvolvido ao meu lado, como Vice-coordenadora.

Aos nossos familiares pelo apoio incondicional em nossas vidas.

A todos os alunos-professores da especialização, pela dedicação, persistência, compromisso com que enfrentaram heroicamente o curso.

Adelson Damasceno; Adriane do Carmo; Amanda Cruz; Ana Karla Bezerra; Ana Márcia da Silva; Anderlei Marinho; André Guerreiro; Carla Estefany Meireles; Cléa Ferreira; Denis Machado; Dilermando Nogueira; Eliene Brito; Fernanda Andrade; Gilmar Pinheiro; Gisele Barroso; Gisseli Santos; Jose Ivanilson Rodrigues; José Rondinelle Coelho; Josias Sales; Josimere Gonçalves; Juliany Miranda; Liane Lago; Marcya Rodrigues; Maria Angélica Belúcio; Maria Augusta Nascimento; Maria Elizabeth Miranda; Maria José Ribeiro; Nádia Vieira; Paulo Castro; Patricia Fonseca; Rosangela Vasconcellos; Roseane Bastos; Rubenilce Wanzerley; Simone Souza e Suzi Prazeres.

SUMÁRIO

APRESENTAÇÃO

Relações étnico-raciais e ação pedagógica na escola

Wilma de Nazaré Baía Coelho
Nicelma Josenila Brito Soares

Os cursos de formação de professores, em sua maioria, não atentam para o lugar crucial que a questão étnico-racial tem, não apenas na formação da identidade, mas, também, na construção da autoestima e, consequentemente, no desempenho escolar do aluno. Um aluno que não se reconhece como igual ao padrão aceito e legitimado pela sociedade, via de regra, não se esforça para apreender um conhecimento que não somente não o reconhece, mas o exclui. Além disso, as teorias pedagógicas, em voga nas disciplinas e teses formuladas nos cursos de formação de professores, não são utilizadas para se pensar a questão étnico-racial e para se problematizar o quanto essa questão serve para a reflexão sobre o lugar da escola, não raras vezes, como um lugar de reprodução do preconceito. Da mesma forma, esse aparato não é utilizado para se pensar o ensino formal como um caminho para a sua superação.

Assim, não se trata de uma inversão de perspectiva no currículo: partindo de uma perspectiva eurocêntrica para uma afrocêntrica, como já nos alertou Petronilha Gonçalves e Silva (2003), trata-se de uma forma pedagógica de tratar um conteúdo invisibizado, em grande parte, pela escola, mas presente nas relações sociais de seus agentes das mais diferentes formas de apresentação.

Este livro intenta se contrapor a essa constatação, ele constitui um dos resultados das discussões teórico-práticas tecidas no Curso de Especialização em Relações Raciais, promovido pelo Núcleo de Estudos e Pesquisa sobre Formação de Professores e Relações Raciais (GERA), realizado na Universidade Federal do Pará (UFPA) sob coordenação da Profa. Dra. Wilma de Nazaré Baía Coelho.

O Curso, realizado sob patrocínio do Ministério da Educação (MEC), por intermédio da Secretaria de Educação Continuada, Alfabetização e Diversidade (SECAD), mediante ação do Programa de Ações Afirmativas para a População Negra nas Instituições Federais e Estaduais de Educação Superior (UNIAFRO), teve como objetivo capacitar professores de Ensino Fundamental da Rede Pública da região metropolitana de Belém do Pará para o trato com as questões étnico-raciais. Como parte de suas atividades constou a elaboração de uma proposta de monografia final que consistisse em um *projeto de intervenção* a ser aplicado na escola dos cursistas/professores, a partir da disciplina que ministravam. Assim, o Curso exigiu, como resultado imediato, a formulação de estratégias didáticas, resultantes de uma reflexão prévia sobre a temática e do domínio das competências necessárias à transformação daquela reflexão em sequências didáticas que garantissem a transposição do saber acadêmico, adquirido no Curso de Especialização em tela, em Saber Escolar. Os textos aqui apresentados foram elaborados com a efetiva participação dos orientadores dos projetos de intervenção e alguns deles passaram por alterações estruturais em relação ao projeto inicialmente apresentado.

Este livro, destarte, não tem a pretensão de fornecer respostas definitivas ou soluções mirabolantes para o *aniquilamento* do racismo e da discriminação no Brasil e na escola, por meio das propostas aqui trazidas, elaboradas pelos cursistas em co-produção com seus orientadores[1]. Mas, estamos convencidas de que estas *reflexões iniciais* sobre o enfrentamento pedagógico da temática, entre tantas outras, sinalizam uma proposta educativa exequível nos espaços para os quais foram pensadas. Nem por isso, no entanto, estarão infensas a críticas, reelaborações, e ajustes permanentes por parte da comunidade escolar.

Em *"Ensino Fundamental e a questão racial: o uso da música e do filme como suporte didático"*, Wilma de Nazaré Baía Coelho, Josimere Serrão Gonçalves e Maria Angélica de Lima Belúcio discutem uma proposta educativa, entre tantas outras possibilidades, de enfrentar o racismo, o preconceito e a discriminação racial na escola, com o intuito de trabalhar a temática como fator "interno" ao Currículo da escola e não fora dele. Nesse aspecto, propõem trabalhar pedagogicamente o tema relações étnico-raciais e a música, a partir do qual focalizarão o *racismo*, o *preconceito* e a *discriminação racial.*

"A participação africana na formação cultural brasileira" constitui uma proposta na qual Amanda Braga Cruz, Ana Karla Barbosa Bezerra e Nicelma Josenila Brito Soares identificam as influências africanas presentes na formação da sociedade brasileira.

Na proposta de *"O uso didático-metodológico do livro Betina para o trato pedagógico sobre relações étnico-raciais"*, Maria do Socorro Ribeiro Padinha, Eliene Seabra Aguiar de Brito, Márcya Luzia Rodrigues, Maria Augusta Brito do Nascimento e Roseane Santos Bastos apresentam uma atividade pedagógica para o nível educacional do Ensino Fundamental, que inclui o tema das Relações Étnico-Raciais sobre o qual discorre a obriga-

[1] Alguns trabalhos foram inicialmente produzidos sob orientação de Edina do Socorro Rodrigues, Felipe Tavares de Moraes e Rafaela Paiva Costa.

toriedade da inserção da questão na escola expresso na Lei nº 10. 639/03 e na Lei nº 11.645/08.

Carla Estefany de Lima Meireles e Ana Del Tabor Vasconcelos Magalhães propõem em *"Narrativas escritas e visuais da cultura afro-brasileira e africana"* o desenvolvimento de um processo de reconhecimento e valorização da cultura afro-brasileira e africana por meio de ações pedagógicas junto aos professores e estudantes do 6º e 7º ano.

Cristiano Pinto da Silva e Fernanda Jaime Andrade articulam a influência africana a um contexto regional na proposta *"Os tambores negros do carimbó na sala de aula"*, projeto objetivando fomentar por meio do Carimbó a positivação da herança africana e indígena na cultura paraense.

"Afrodescendentes em imagens e palavras" é uma proposta na qual Suzi Holanda Beserra dos Prazeres e Nicelma Josenila Brito Soares amparam-se na iconografia para fomentar a identificação dos descendentes africanos mediante imagens positivas.

"Reconhecimento e valorização da identidade negra na escola de ensino fundamental", de Simone Carvalho de Souza, Patrícia do Socorro de Sena Fonseca e Raquel Amorim dos Santos, apresenta algumas sugestões de atividades práticas de intervenção acerca da questão racial, com o propósito de subsidiar o trabalho pedagógico em sala de aula na construção de uma prática antirracista.

Rosangela Maria de Nazaré Barbosa e Silva e Gisele Nascimento Barroso recorrem à literatura para produção da proposta intitulada *"Literatura infantil e a construção da identidade da criança no ensino fundamental"*, com o objetivo de despertar na criança o desejo de escutar e ler contos de origem africana.

No trabalho *"Outros desafios na sala de aula: Narrativas afroindígenas na prática educativa"*, Agenor Sarraf Pacheco e Josias de Souza Sales trilham o desafio de discutir, entre os muitos caminhos que podem ser pensados e planejados para a construção de espaços escolares democráticos e emancipadores, uma proposta de educar para a diversidade e respeito à diferença, explorando narrativas afroindígenas de expressão amazônica em sala de aula.

CAPÍTULO I

Ensino Fundamental e a Questão Étnico-Racial: o uso da música e do filme como suporte didático

Wilma de Nazaré Baía Coelho
Josimere Serrão Gonçalves
Maria Angélica de Lima Belúcio

> Quanto mais intensa a discriminação e mais poderosos os mecanismos inerciais que impedem o seu combate, mas ampla se mostra a clivagem entre discriminador e discriminado. (GOMES, 2003. p. 24.)

CONTEXTO

A sociedade brasileira, entre outros aspectos, é marcada pela *desigualdade, exclusão, preconceito* e *discriminação* (CANDAU, 2003); (OLIVEIRA,1999); (SILVA Jr, 2002), a despeito dos avanços protagonizados pela educação brasileira, especialmente nas duas últimas décadas, especialmente no que tange ao acesso à Educação Básica. Porém, precisamos avançar na *qualidade* e *equidade* dessa educação. Essas dimensões aparecem como grandes desafios à sociedade. Entretanto, a desigualdade torna-se ainda mais evidente quando se analisam dados relativos às relações raciais, pois estes revelam que em termos de população, família, trabalho, rendimento, ainda há grande disparidade entre brancos e negros. No entanto, entre todos esses dados, a desigualdade entre esses grupos, relativa aos indicadores da escolarização, ainda são favoráveis em relação ao branco. Essas dessemelhanças foram exaustivamente analisadas, em sua maioria, em estudos balizados em indicadores sociais; entre esses, destacamos: Donald Pierson (1971); Hasenbalg e Nelson Valle Silva (1990); Fúlvia Rosemberg (1990); Barcelos (1992); Luiz A. Costa Pinto (1998); Florestan Fernandes (1978); Carlos Hasenbalg (1979); Carlos Henriques (2001); Heringer (2001); Paixão (2008).

Assim, considerando que *pretos* e *pardos* compõem a categoria *negro* segundo o Instituto Brasileiro de Geografia e Estatística (IBGE), é possível perceber que os *negros* estão representados de forma significativa nas camadas mais pobres da população, ganham menos, estudam menos tempo, possuem menos índice de escolaridade – os estudos acima já apontaram tais resultados de modo circunstanciado, em diferentes momentos históricos. Essas reproduções de desigualdades socioeconômicas refletem-se no sistema educacional brasileiro, que termina por caracterizar-se numa educação excludente que resulta na disparidade de *trajetórias escolares e acadêmicas*, entre os grupos arrolados acima. Essa dimensão, em especial, tem sido objeto de estudo de diversos autores, entre os quais destacamos Wilma Coelho (2000), Patrícia Santana (2004), e a dimensão do sucesso em trajetórias no Ensino Superior, em Andréia Amorim (2007).

Diante desse quadro, um dos desafios contemporâneos, entre vários outros enfrentados pela escola, tem sido a construção de uma educação que contribua de forma significativa para que aqueles que a constituem aprendam a respeitar as diferenças e conhecer e valorizar a diversidade cultural brasileira. Desse modo, discutir e problematizar as relações étnico-raciais constitui uma das condições indispensáveis para as revisões conceituais e superação de estereótipos e de preconceitos que têm gerado, não raras vezes, desigualdades nas escolas brasileiras.

Mas que caminhos seguir? Construir uma educação que considere relações étnico-raciais como uma questão a ser considerada e que mereça um *trato pedagógico*, como nos instiga Nilma Gomes (2001, 2004)? As alternativas são inúmeras, mas é necessário rever valores, superar medos e abrir debates, considerar que ser diverso e portador de uma identidade étnico-racial são aspectos constituintes de nossa *formação humana* (CAVALLEIRO, 2001). A escola como espaço primordial onde também as identidades são reforçadas poderá interferir na construção de identidades positivas quando valoriza as diferenças, mas poderá de acordo com a postura adotada *estigmatizá-las, discriminá-las, segregá-las, negá-las* (CAVALLEIRO, 2001).

Nesse sentido, a escola deve trabalhar pedagogicamente o objeto de conhecimento de cada disciplina e de outros campos – de conhecimento – que a ele se relaciona, de modo a enfrentar *discriminação racial* e qualquer outro tipo de discriminação – de forma sistemática e contínua e não somente de forma pontual. Como constatado em pesquisa nacional, no âmbito da Região Norte:

> As questões relacionadas à temática étnico-racial, permanecem no âmbito da curiosidade, pois ainda são vistas como exteriores ao currículo. Talvez pelo fato de constituírem projetos pontuais e de não comporem – na mesma medida que outros conteúdos de caráter identificador (como o são os conteúdos de História e Língua Portuguesa, relacionados às tradições sociais, políticas, econômicas e culturais, reportados à Europa) – as temáticas que interessam para enfrentar o racismo e a legislação vigente sobre a diversidade cultural, não poderão são vistas como curiosidades, acrescentamentos que não definem a formação e não são fundamentais para a vida profissional ou cidadã. (COELHO; COELHO; PINTO, 2010, p. 10)

Em consonância com essas constatações, esse texto objetiva discutir uma proposta educativa, entre tantas outras possibilidades, de enfrentar o *racismo*, o *preconceito* e a *discriminação racial* na escola, com o intuito de trabalhar a temática como fator "interno" ao Currículo da escola e não fora dele. Esse objetivo relaciona-se ao *Projeto de Intervenção* intitulado *Ensino Fundamental e a questão étnico-racial: o uso da música e do filme como suporte didático*. Esse projeto foi formulado e elaborado tendo em vistas as particularidades da escola *Enedina Sampaio Melo*, pertencente à rede pública de Ensino no Município de Igarapé-Miri-PA, e intenciona *trabalhar pedagogicamente* o tema *relações étnico-raciais e a música*, a partir do qual focalizará o *racismo*, o *preconceito* e a *discriminação racial*[2]. *Esse trato pedagógico estará em acordo com o "conjunto jurídico" relativo à diversidade cultural, por isso, o projeto alinha-se em alguns de seus preceitos, quais sejam: a divulgação e debate, formação de atitudes, reforço de posturas e valores que eduquem cidadãos orgulhosos de seu pertencimento étnico-racial e cientes de seus direitos garantidos*. Adiantamos tal referência, pois se trata, reiteramos, de uma ação pedagógica voltada para as peculiaridades dessa escola em particular. A utilização das atividades encaminhadas a seguir, por outra realidade, deverá refletir as singularidades dos espaços de aplicação, portanto, sofrer todas as alterações devidas.

A Escola Enedina Sampaio Melo foi fundada em 1974 e localiza-se na Travessa Coronel Vitório, s/nº, bairro do Perpétuo Socorro, cidade de Igarapé-Miri. Ela é o maior centro de educação miriense, pela quantidade de estudantes, professores, funcionários que absorve e pela carga horária que ocupa. No ano de 2010 a escola atendeu um total de 1.429 alunos, sendo 465 pertencentes ao Ensino Fundamental de 6º ao 9º ano e 964 ao

[2] Este projeto de intervenção faz parte das *ações estruturais* do Projeto de Pesquisa *Valores e Hierarquias entre jovens estudantes de Belém do Pará:* cor, raça e preconceito, sob a coordenação da professora Wilma Baía Coelho e financiado pelo Conselho Nacional de Desenvolvimento Científico e Tecnológico (CNPq) (2010-2012). Portanto, a aplicação e o acompanhamento do projeto de intervenção acontecerão sob a Supervisão da coordenação do projeto de pesquisa acima cistado.

Ensino Médio. O Ensino Fundamental, foco deste projeto, é oferecido em dois turnos (matutino e vespertino); seus alunos encontram-se na faixa etária dos 11 aos 16 anos. Desses, 35 alunos dependem do transporte escolar, pois residem na zona rural, apenas 1 aluna é portadora de necessidades especiais e 36 alunos estão fazendo dependências de estudos. Abaixo, o desempenho escolar dos alunos nos dois últimos anos:

Desempenho escolar do Ensino Fundamental de 6° ao 9° ano do ano de 2009 da Escola Enedina

	DESEMPENHO ESCOLAR		
Ano	Aprovados (%)	Reprovados (%)	Abandono (%)
6º	71	15	14
7º	79	4	17
8º	78	13	9
9º	87	5	8

Fonte: Pesquisa direta, 2010.

Desempenho escolar do Ensino Fundamental de 6° ao 9° ano do ano de 2009 da Escola Enedina

DESEMPENHO ESCOLAR	TAXA (%)
Aprovados	77
Reprovados	10
Sem informação	2
Abandono	11
Total	100

Fonte: Pesquisa direta, 2010.

Essa escola, segundo o Índice de Desenvolvimento da Educação Básica (IDEB), ao contrário dos resultados do país referentes aos anos finais do Ensino Fundamental, que apresentou uma evolução de 3.8 para 4.0, superando a meta de 2009, apresenta uma queda em seu desempenho, pois no ano de 2005 seu IDEB foi de 2.5; em 2007 ascendeu para 3.3 e em 2009 desceu para 2.9, superando apenas a meta para 2009 que seria de 2.8. Também, a partir da diagnose escolar foi possível perceber a falta de discussões mais sistematizadas sobre a questão racial, a presença constante da desvalorização do negro nesse contexto a partir de *apelidos, piadas, falta de debates* que abordem essa temática em sala de aula a despeito de a legislação vigente exigir atitudes ante essa questão. Enfim, ainda há um silêncio sobre a questão étnico-racial naquele ambiente escolar. A partir desse estudo inicial com o referido projeto, pretende-se problematizar a questão étnico-racial no contexto de sala de aula, estimular o debate sobre as relações étnico-raciais na escola, por meio de textos especializados, filmes e músicas, tendo em vista a construção de uma prática não discriminatória, que reconheça e respeite as múltiplas identidades existentes no âmbito escolar, entre elas a identidade étnico-racial.

OBJETIVOS

Pretende-se desenvolver a capacidade de compreensão e entendimento de textos, filmes e música, com base nas concepções teóricas sobre relações raciais no Brasil. Especificamente, pretende-se identificar o nível de leitura dos alunos da oitava série; ampliar a noção de texto, por meio de suportes audiovisuais; elaborar um perfil socioeconômico e cultural dos alunos das turmas em tela; intervir junto aos alunos por meio do incentivo ao desenvolvimento do raciocínio lógico-formal, da abstração e do recurso a diferentes tipos de referências presentes em textos sobre relações raciais; fomentar o gosto pela leitura interpretativa sobre *racismo, preconceito e discriminação racial*, por meio do consumo monitorado de textos, filmes e música; compreender a leitura como uma atividade referencial, por meio do incentivo ao estabelecimento de nexos entre ideias, conceitos e imagens no tocante ao *racismo, preconceito e discriminação racial*; combater o *racismo, preconceito* e *discriminação racial* no âmbito escolar.

JUSTIFICATIVA

Na escola muitos valores sociais e morais são reforçados e nela também a questão étnico-racial, o *racismo*, o *preconceito* e a *discriminação racial* presentes na sociedade são, em grande parte, silenciados. As desigualdades causadas por esse processo de exclusão e negação dos direitos foram/são pauta de reivindicação do movimento negro culminando em algumas conquistas.

Nas últimas décadas a educação brasileira vivenciou uma série de reformas, entre elas podemos destacar os *parâmetros normativos* (FERNANDES, 2005), a Lei de Diretrizes e Bases da Educação Brasileira (LDBEN), ratificando o que preceitua a Constituição Federal de 1988, que determina que "o ensino da História do Brasil levará em conta as contribuições das diferentes etnias para a formação do povo brasileiro, especialmente das matrizes indígena, africana e européia" (art. 26.§ 4º).

Por sua vez, a Lei de Diretrizes e Bases da Educação (Lei nº 9.394/96, com suas atualizações em 2003 e 2008) torna obrigatória a inclusão *no currículo oficial da Rede de Ensino a obrigatoriedade da temática História e Cultura afro-brasileira e das populações indígenas*, o que traz um desdobramento específico relativo à forma e à profundidade com que tal temática terá de ser enfrentada pedagogicamente na escola. Seus desdobramentos deram, entre outros elementos, subsídios legais para a implementação das Diretrizes Curriculares Nacionais para a Educação das Relações Étnico-raciais e para o ensino de História e cultura afro-brasileira e africana, aprovada pelo Conselho Nacional de educação em 10 de março de 2004.

Em 2009, foi lançado, também pelo MEC, em 13 de maio, o Plano Nacional de Implementação das Diretrizes Curriculares Nacionais da Educação das Relações Étnico-raciais e para o Ensino de História e Cultura Afro-Brasileira e Africana, e foi recentemente incorporada a esse "*conjunto jurídico*" a Resolução nº 4, de 13 de julho de 2010 do Conselho Nacional de Educação, a qual preceitua a obrigatoriedade da inserção da temática da diversidade cultural no currículo da Educação Básica, destacamos entre seus títulos, "*inclusão, a valorização das diferenças, e o atendimento à pluralidade e diversidade cultural...*". (Título IV, Art 9º, II)

Ressaltamos a conveniência dessa proposta pedagógica de intervenção dessa ordem e com tais preocupações, especialmente, diante do que estipulam legislação vigente, a alteração de 2003, com a Lei nº 10.639/2003.

A Lei nº 9,394/96 atualizada, em consonância com esse "conjunto jurídico" oportunizam ações concretas e recorrentes em campos-chave na sociedade, responsáveis pela difusão e pelas legitimações de representações sociais agora positivas com relação à história e cultura afro-brasileira, africana e indígena, por tanto tempo inviabilizadas ou estigmatizadas pelo senso comum e por parte da Academia, mas que não podem ser ignoradas pela escola.

A alteração a que nos referimos acima representa mais que o mero acréscimo de conteúdo. Ela expõe a necessidade de repensar as relações étnico-raciais, tendo em vista os procedimentos de ensino e seus desdobramentos. Será, portanto, oportuno trabalhar, repetimos, na dimensão teórico-prática, temas como *racismo, preconceito* e *discriminação racial* na escola. Ademais, urge debater e combater as formas de discriminação veiculadas na sociedade brasileira e problematizá-las no universo escolar, por meio das elaborações que os alunos fazem do conteúdo e das representações que compõem a sociedade.

Ressaltamos que a escolha pela oitava série justifica-se pelo percurso vivido, por esses agentes, em todo o Ensino Fundamental na escola em tela, passados cinco anos da primeira atualização da Lei de Diretrizes e Bases Nacional, neste caso a Lei nº 10,639/2003, de modo a fortalecer a educação recebida e ampliar essa discussão, na primeira geração de alunos formados sob sua vigência.

No que concerne aos agentes desse projeto de intervenção – alunos do segundo ciclo do Ensino Fundamental – as formulações de Vygotsky (1991, 2001) remetem à percepção de sua constituição como um processo envolto em múltiplas determinações. Nesse aspecto, fatores biológicos, psicossociais e culturais encontram-se articulados às "questões de gênero, às hierarquias familiares e sociais, bem como à assunção de uma identidade pessoal e social, construída contra o pano de fundo das relações sociais e institucionais" (OLIVEIRA, 2006) para constituírem generalidades e especificidades que marcam o seu desenvolvimento. Com base em tais discussões, trabalhar pedagogicamente aspectos referentes aos bens culturais valorizados e consumidos pelos alunos implica transitar também por esse território de múltiplas determinações para iluminar os processos de apreensão presentes nas suas vivências, que percebem suas experiências de formas variadas, até mesmo no interior de uma mesma formação social, grupo ou classe (GOEDERT, 2005).

Estudos como o desenvolvido por Ozella e Aguiar (2008) com adolescentes atestam que as concepções instituídas socialmente são apreendidas e reproduzidas por estes. Assim, a infiltração dos discursos sociais na subjetividade dos adolescentes oferece indicativos do caráter *estruturante* e *estruturado* dos sistemas simbólicos (BOURDIEU, 2002), inculcados mediante imposições sutis que legitimam determinados produtos sociais. Tais formulações concorrem para a percepção dos processos por meio dos quais os sistemas simbólicos são internalizados pelos adolescentes e ilustram o quanto a "totalidade social é constitutiva da adolescência" (OZELLA; AGUIAR, 2008).

Nesse sentido, o projeto em tela filia-se a um conjunto de estudos que consideram o universo cultural como suporte para a formulação de análises sobre a sociedade. Dentre os elementos desse universo, a música tem sido um dos suportes visitados. Ela tem servido à construção de conhecimento sobre o passado brasileiro – considerado como importante registro documental (NAPOLITANO; WASSERMAN, 2000; PARANHOS, 2003; NAPOLITANO, 2003). Mais amiúde, pesquisadores têm considerado o universo cultural como uma brecha importante para a compreensão das formas de pensar elaboradas pelos agentes sociais.

Nesse último sentido, destacam-se os seguintes trabalhos: o de Luci Bertoni (2001), sobre o consumo de bens culturais como um indício de novas formas de identificação social; o de Silvana Mendes Lima (2003), sobre a produção de subjetividade entre jovens moradores de zonas periféricas do Rio Janeiro, a partir do ingresso desses jovens em processos de formação paralela; os de Olívia Maria Gomes da Cunha (2001) e de Sergio Daniel Paz, sobre a redefinição dos espaços de consumo e da apropriação que deles é feita pela juventude, de forma a construir mecanismos de identificação e de classificação social.

O projeto, no entanto, relaciona-se a um conjunto de trabalhos que analisam a relação entre as preferências e o consumo de gêneros musicais e a construção de visões de mundo e de posturas sociais e políticas. Não se trata, portanto, de simplesmente analisar as letras de música e dimensionar o seu conteúdo[3]. Mas, sim, de buscar conexões entre as formas de sociabilidade praticadas por adolescentes[4] e aquilo que reconhecem como sendo representações possíveis do que acreditam e valorizam, como veremos na metodologia.

METODOLOGIA

> A escola brasileira tem que se haver com o processo histórico do racismo, com as práticas de discriminação racial, com o preconceito, com a constituição e propagação do mito da democracia racial e com a inculcação da ideologia do branqueamento. E ter que se haver com tudo isso implica posicionar-se politicamente – e não só ideologicamente – contra processos excludentes. Implica construir novas práticas pedagógicas, novos materiais didáticos, abrir debates, estabelecer diálogo com a comunidade negra, com o movimento negro, com os grupos culturais de tradição africana (GOMES, 2002, p. 7).

A metodologia aplicada será realizada durante um ano letivo na escola, encaminhado, sob nossa coordenação, em conjunto com um grupo de

---

[3] Ver, nesta perspectiva: SILVA (2004) e ZENI (2004).

[4] Discussões acerca do adolescente: nós encontramos eco teórico nos estudos de CORDEIRO (2006), COUTINHO (2005), OLIVEIRA (2006) e OZELLA (2008).

professores da escola Enedina Sampaio Melo. Da mesma forma como pontuamos, as estratégias pedagógicas iniciarão com um trabalho interdisciplinar envolvendo vários agentes escolares em atividades como *leituras prévias, palestras* e *oficinas* de cunho teórico conceitual e, finalmente, a sua aplicação. Por essa razão, a metodologia é a mesma de alguns estudos citados acima, porém com as distinções exigidas pelo novo suporte de representação.

Discutir, problematizar e trabalhar pedagogicamente as representações de *raça*[5], *racismo*[6], *preconceito racial*[7] *e discriminação racial* presentes

---

[5] O termo *raça* surgiu na segunda metade do século XIX como uma forma de diferenciar os grupos humanos levando em conta as suas características biológicas e fenotípicas e, a partir disso, justificar a divisão das sociedades entre "superiores" e "inferiores", no caso, europeus "superiores", e africanos, asiáticos e americanos "inferiores". Contudo, no início do século XX, essa noção começa a ser criticada em razão do seu determinismo, e novas percepções são lançadas para se analisar as diferenças raciais e culturais das diferentes sociedades humanas, a partir da óptica da cultura. Atualmente, o conceito de *raça* é utilizado em uma perspectiva histórica e sociológica que procura analisar o lugar social destinado a negros e brancos na sociedade brasileira pautados por aquela noção de *raça* que ficou internalizada no imaginário coletivo e que acaba por orientar práticas preconceituosas e discriminatórias, o que por sua vez fundamenta a desigualdade racial. Sobre essa discussão, ver: COSTA (2002); DA MATTA (1993); GUIMARÃES (1999, 2002, 2003); MUNANGA (2004); ORTIZ (1994); SKIDMORE (1976).

[6] O *racismo* é uma relação de poder pautada pela ideia de *raça* e que, por meio do preconceito e discriminação racial, acaba por fundamentar relações assimétricas entre os grupos sociais com referência em atributos raciais. E por conta disso, é um fenômeno histórico, formado a partir das relações desiguais dos grupos raciais que formaram a sociedade brasileira. O racismo, nesse sentido, é um instrumento de dominação tanto simbólica quanto material, pois tem seus desdobramentos ideológicos e culturais, bem como sociais e econômicos. Não obstante, no caso brasileiro, o racismo tem uma particularidade, o chamado "racismo à brasileira", que consiste em manifestações de preconceito e discriminação veladas, implícitas, não declaradas, que acabam por ter um efeito de estigmatização sobre a população negra. Nesse sentido, consultar: MUNANGA (2000); GUIMARÃES; HUNTLEY (2000, 2005); TELLES (2003); SCHWARCZ (2001).

[7] O *preconceito racial* é o estabelecimento de um pensamento pré-concebido sobre o Outro, sobre a diferença, a partir da ideia de *raça*. Assim, o preconceito racial é uma forma de pensar que desconsidera a diversidade e a diferença, que procura a homogeneidade, e, sobretudo, a manutenção do *status quo* desigual da sociedade brasileira. E como pensamento, ele fica interno, sem se manifestar, apenas no plano íntimo ou privado, bem aos moldes de um *ethos* racista. Nesse sentido, essa é a sua principal característica: fica apenas no plano do pensamento, do não dito, do não falado, sem qualquer manifestação. Desta forma, vide: GUIMARÃES (2004, 2008); NOGUEIRA (2006).

nas letras de música consumidas pelos alunos exige o recurso ao conceito de *Representação*. As formulações de Roger Chartier (1991), segundo as quais as representações são construções sociais, produzidas nas articulações estabelecidas entre os diversos agentes, num contexto social e histórico dado, mostram-se as mais adequadas aos objetivos deste projeto. Segundo Chartier, as representações são construídas historicamente e se constituem em apanágios dos grupos que as formulam – tornam-se, mesmo, índices de reconhecimento e identificação. Conforme suas palavras, são formas por meio das quais os grupos sociais expressam a sua visão do mundo e de si mesmos.

Chartier destaca, no entanto, que as representações não são construções estáticas – ao propor que se trata de uma formulação social e histórica, o autor aponta para o fato de que as representações estão em constante processo de construção. Destaca, ainda, que elas não são ingênuas – as representações compõem um aparato de distinção e identificação dentro de um universo social em conflito. Nesse sentido, elas se configuram em um dos componentes das lutas sociais, ao se constituírem em estratégias de dominação e estigmatização de grupos concorrentes ou tidos como subalternos.

As considerações de Chartier remetem para as formulações de um outro teórico: Pierre Bourdieu (1992, 1999). Suas formulações sobre a força dos símbolos como estratégias de luta e distinção social parecem essenciais para a análise do universo a ser pesquisado. Dentre as contribuições de Bourdieu, destaca-se o conceito de *Dominação*, segundo o qual a dominação se exerce, também, por meio de esquemas simbólicos construídos com base na herança cultural e na experiência vivida. Esses esquemas, dos quais a escola se constitui em parte importante, não raras vezes são incorporados e reproduzidos no campo social.

A outra consideração teórica adotada pelo projeto é a de que as dificuldades evidenciadas no domínio da *escrita e da leitura* constituem índices de exclusão. Daí que agir sobre elas, no sentido de minorá-las ou eliminá-las, significa fundar uma ação inclusiva e, portanto, cidadã (FERRARO, 2002).

Os programas de avaliação sobre a oferta de ensino, criados pelo governo brasileiro, apontam um quadro sombrio em relação ao Estado do Pará. A Educação Básica e o Ensino Superior não apresentam bons índices, como demonstram o SAEB, o ENEM, o ENC e o ENADE[8], e boa parte da responsabilidade se deve ao fraco desempenho no que tange ao domínio da Língua. Em relação aos estudantes da Educação Básica essa constatação é grave, porque associada a um indivíduo que recebe formação inicial básica, em um ambiente que favorece a formação não apenas como apropriação de competências[9] e habilidades relacionadas a um determinado fazer, mas, sobretudo, como uma capacidade de discutir e de problematizar a sua realidade.

Daí decorre outro pressuposto do projeto: o *domínio da leitura,* nas suas diversas dimensões, é condição *sine qua non* para a formação da Educação Básica. Portanto, diante da constatação das deficiências dos alunos, propomos uma ação integrada envolvendo todos os professores e coordenadores, com o objetivo de desenvolver no aluno o gosto pela leitura e a familiaridade com o texto. Importa, então, que os professores tornem a leitura uma prática cotidiana e auxiliem os alunos na superação de parte das dificuldades construídas desde a Educação Infantil.

O projeto trabalha com o outro conceito de letramento. Revisionado recentemente, tanto o conceito como o campo de estudos a ele relacionado florescem em meio a discussões, debates, controvérsias e encaminhamentos (SENNA, 2007). Em que pesem as diferenças de aportes, o conceito de letramento busca dar conta das práticas de leitura e escrita,

---

[8] Sistema de Avaliação do Ensino Básico (SAEB), Exame Nacional do Ensino Médio (ENEM), Exame Nacional de Cursos (ENC) e Exame Nacional de Desempenho de Estudantes (ENADE), 1997, 1998, 1999, 2009, respectivamente.

[9] Neste projeto a noção de competências inspira-se nos estudos de Ricardo Primi et al. (2001).

especialmente das competências e habilidades que são necessárias ao seu exercício (SOARES, 2002).

Os procedimentos adotados neste projeto assumem a leitura como um ato referencial. Nesse sentido, eles estão relacionados a um conjunto de trabalhos estruturados a partir de categorias como a de competência leitora – em que o ato de ler é compreendido como interativo, no qual se conjugam o domínio do léxico e o arcabouço acumulado (SILVA, 2004a, 2004b). Compreende ainda que ler não é ato exclusivamente relacionado ao escrito, mas aos variados tipos de textos, expressos em linguagens diversas (SOARES, 2002).

Considerando, então, que as dificuldades percebidas nos alunos em relação à compreensão dos textos lidos se devem à falta de familiaridade com o texto escrito, com deficiências na Educação Infantil e parte inicial do Ensino Fundamental e com uma decorrente dificuldade de abstração, os procedimentos adotados devem intervir nas dificuldades percebidas. Em primeiro lugar, é necessário que as atividades adotem como prática a análise detalhada da literatura sobre relações raciais e a avaliação pormenorizada dos textos produzidos pelos alunos.

Este projeto será trabalhado exclusivamente por profissionais que tenham tido uma formação específica, por meio de um suporte teórico-metodológico circunstanciado para o trato pedagógico com a temática. Do contrário, correrão riscos de reedições e reproduções de estereótipos e preconceitos correntes na sociedade. Para evitar improvisos (COELHO; COELHO, 2008) neste trabalho com a temática, indicaremos para profissionais da educação da escola em tela, para procederem à leitura antes das oficinas e palestras, alguns livros que deverão ser lidos, em princípio, pelo conjunto dos profissionais acima mencionados. Além dessa primeira lista de livros, os professores receberão, em CD, toda a legislação vigente sobre diversidade cultural. Os livros serão levados à escola seis meses antes do início do projeto. Em seguida, trataremos das oficinas e palestras e posteriormente das atividades com os alunos. Separamos a estrutura do trabalho em duas grandes dimensões. Destacamos, a seguir, entre os títulos que serão trabalhados, sob perspectivas teóricas distintas:

ANDRADE, Ana Lúcia Menezes de. *O filme dentro do filme* – a metalinguagem no cinema. Belo Horizonte: Editora UFMG, 1999.

CAVALLEIRO, Eliane. (org.) *Racismo e anti-racismo na educação:* repensando nossa escola. São Paulo: Selo Negro, 2001.

CHARTIER, Roger. *A história cultural – entre práticas e representações.* Lisboa: DIFEL; Rio de Janeiro: Bertrand, 1990

COELHO, Wilma de Nazaré Baía. (Org.) *Educação e relações raciais*: conceituação e historicidade. São Paulo: Editora Livraria da Física, 2010

COELHO, Wilma de Nazaré Baía; MAGALHÃES, Ana Del Tabor. *Educação para a diversidade*: olhares sobre a educação para as relações étnico-raciais (Org.) Belo Horizonte: Mazza Edições, 2010

COELHO, Wilma de Nazaré Baía. *A cor ausente:* um estudo sobre a presença do negro na formação de professores - Pará, 1970-1989. 2. ed. Belo Horizonte: Mazza Edições, 2009.

GUIMARÃES, Antonio Sérgio Alfredo. *Classes, raças e democracia.* São Paulo: Editora 34, 2002.

GUIMARÃES, Antonio Sérgio Alfredo. *Racismo e anti-racismo no Brasil.* 2. ed. São Paulo: Editora 34, 2005.

GUIMARÃES, Antonio Sérgio Alfredo; HUNTLEY, Lynn (org.). *Tirando a máscara:* ensaios sobre o racismo no Brasil. São Paulo: Paz e Terra, 2000.

HASENBALG, Carlos Alfredo. *Discriminação e desigualdades raciais no Brasil.* 2. ed. Rio de Janeiro: Graal, 2005.

HERSCHARMANN, Michael. *O funk e o hip-hop invadem a cena.* Rio de Janeiro: Ed. UFRJ, 2000.

MARTÍN-BARBERO, Jesús. *Pre-textos. Conversaciones sobre La comunicación y sus contextos.* Cali: Universidad del Valle, 1996.

ORTIZ, Renato. *Cultura brasileira e identidade nacional.* São Paulo: Brasiliense, 1994.

PAIVA, Eduardo França. História & Imagens. 2 ed. Belo Horizonte: Autêntica, 2006.

SCHWARCZ, Lilia. *Racismo no Brasil.* São Paulo: PubliFolha, 2001.

SILVA, Vitória Rodrigues e. *Estratégias de leitura e competência leitora*: contribuições para a prática de ensino em História. História, São Paulo, v. 23, n. 1 e 2, p. 69-83, 2004.

SOUZA, Edileuza (Org.). *Negritude, Cinema e Educação*. Mazza Edições, Belo Horizonte, 2006. v. 1.
SOUZA, F. S. *Afro-descendência em Cadernos Negros e Jornal do MNU*. Belo Horizonte: Autêntica, 2005.

DIMENSÃO I: O TRABALHO COM OS DOCENTES E TÉCNICOS

A estrutura das oficinas e palestras destinadas ao corpo docente e gestor dar-se-á da seguinte maneira:

Atividade 1: Oficinas sobre relações étnico-raciais e recursos didáticos

Em ministrantes: estudiosos na temática
Tempo: 2 meses (cada Oficina com 40h/a)
Temáticas: *Educação e Relações raciais no Brasil; Corporeidade e estética negra; Amazônia e Africanidades; A utilização de filmes e música como suporte didático.*

Atividade 2: Palestras sobre Movimento Negro e Legislação vigente

Em ministrantes: representantes do movimento negro; advogados e especialistas na temática
Tempo: 1 mês (4 palestras de 2 horas de duração)
Temáticas: *Movimento negro*: trajetória e percurso*; O movimento negro no Pará Educação e Direitos Humanos; A Lei nº 9.394/96 – atualizada.*

DIMENSÃO II: O TRABALHO COM OS DISCENTES

Leitura e *produção de textos* devem constituir, portanto, os eixos das iniciativas saneadoras. Para tanto, as atividades pedagógicas podem adotar, de forma alternada, a análise detalhada de um dado texto, exigindo dos alunos a indicação de categorias estruturais da literatura acadêmica, como *temática, objeto, objetivo, argumento, estratégia argumentativa e relações estabelecidas com* a *realidade*. O mesmo deverá ser feito com relação à produção de textos. Todas as atividades deverão trabalhar com uma produção textual dos alunos. Um texto por atividade, no qual o aluno expresse a sua interpretação do texto ou livro, indicando as dimensões arroladas acima – em dez linhas. Os alunos, de todas as turmas, preencherão um formulário no qual falarão de sua cor/raça e responderão questões relacionadas ao objeto central do projeto. Todo esse material servirá para a produção do perfil sociocultural do aluno e para a produção final do relatório do projeto.

A primeira será uma atividade de *estimulação*, voltada para a *abstração*: **Oficina Filmes & Reflexões**. É do conhecimento geral, especialmente na realidade nacional, o quão as gerações mais novas são familiarizadas com o universo imagético. Não obstante, a atitude frente à imagem é, frequentemente, passiva. Isso pode ser percebido, especialmente, no consumo de filmes e vídeos, que são objetos de atenção fragmentada e pouco refletida. O objetivo da *Oficina* é provocar no aluno a compreensão do filme como um texto, pensado não como obra aberta, mas como um conjunto de imagens relacionadas entre si com vistas à expressão de uma ideia. Sessões periódicas, organizadas por docentes e relacionadas ao conteúdo formativo, comporiam a *Oficina*. A segunda atividade estará comprometida com a leitura e escrita: Oficina de Texto. Nela, os alunos serão estimulados a ler e a produzir textos – relacionados às temáticas trabalhadas no projeto (relacionados, inclusive, aos filmes vistos na oficina seguinte).

A terceira atividade estará vinculada com a escuta, reflexão e análise das músicas. Nela, os alunos serão estimulados a escutar a música, procurar nos dicionários os significados das palavras, a levantarem dados fonográficos acerca da produção e tempo histórico no qual a música fora escrita e disseminada. Além dessa competência, os alunos serão instalados a relacionar os textos lidos sobre a temática com as concepções, ideias, estereótipos apresentados em todas as letras das músicas trabalhadas nas oficinas. A estratégia pedagógica será apresentar aos alunos para reflexão escrita em primeiro lugar textos e músicas avulsas sob diversas perspectivas teóricas e representacionais sobre o negro – depois do trabalho realizado em nove meses, aqueles textos e músicas serão novamente examinados pelos alunos, dessa vez, com o suporte teórico já desenvolvido – não somente do ponto de vista teórico, mas maturacional no tocante à leitura e compreensão semântica e imagética de qualquer tipo de texto.

Atividade 3: Oficina Filmes & Reflexões

Ministrantes: coordenadores do projeto e professores
Tempo: 3 meses (cada Oficina com 20h/a)
Sugestão de filmes:

EM BUSCA DA FELICIDADE
Título original: *The pursuit of happyness*
Lançamento: 2006 (EUA)
Produção/Direção: Gabriele Muccino
Roteiro: Steve Conrad
Elenco: Will Smith, Jaden Smith, Thandie Newton,
Idioma original: Inglês
Duração: 117 min.
Gênero: Drama
Sinopse: Chris Gardner é um chefe e pai de família que enfrenta muitas dificuldades financeiras, vendendo aparelhos médicos que ninguém quer comprar por serem muito caros. Gardner torna-se obstinado na luta pela sobrevivência e sustento de sua família. Ele consegue uma vaga de estagiário numa importante corretora de ações, mas não recebe remuneração pelos serviços prestados, porém, persiste, pois acredita que poderá ser futuramente contratado. A mulher o abandona e ele é obrigado a tomar conta sozinho do filho de apenas cinco anos de idade. Em meio a todos os problemas,

eles são despejados do apartamento onde vivem por falta de pagamento, e têm de dormir em metrôs, banheiros públicos e albergues. Mas isso logo mudou, pois ele foi promovido ao cargo que tanto queria e vai ganhar muito dinheiro. E sua vida ficou melhor, e com tanto dinheiro abriu sua própria empresa de ações. Chris Gardner realizou seu sonho que era dar uma vida melhor para o seu filho.

UM SONHO POSSÍVEL
Título original: *The Blind Side*
Lançamento: 2009 (EUA)
Produção/Direção: Jonh Lee Hancock
Roteiro: Jonh lee Hancock
Elenco: Sandra Bullock, Tim McGraw, Quinton Aaron, Kathy Bates
Idioma original: Inglês
Duração: 128 min
Gênero: Comédia dramática
Sinopse: O filme conta a história real de Michael Oher, um jovem sem-teto negro vindo de um lar destruído, que é ajudado por uma família branca de classe alta, que acredita em seu potencial. Com a ajuda do treinador de futebol de sua escola e de sua nova família, Oher terá de superar diversos desafios à sua frente, o que também mudará a vida de todos a sua volta.

CINDERELAS, LOBOS E UM PRÍNCIPE ENCANTADO
Título original: *Cinderelas, lobos e um príncipe encantado*
Lançamento: 2010 (Brasil)
Produção/Direção: Zito Araújo
Elenco:
Idioma Original: Português (Brasil)
Duração: 107 min.
Gênero: Documentário
Sinopse: O filme tem por temática a Exploração Sexual e as Relações Raciais no Brasil, e por objeto o *turismo sexual racialmente*

orientado no Nordeste brasileiro. E assim se desdobra no chamado "*racismo à brasileira" (BORGES, 1996; TELLES, 2003);* e mostra ainda o sonho de muitas mulheres de mudar de vida por meio de um *bom* casamento, especialmente com estrangeiros, que acaba por demonstrar as trajetórias de mulheres negras em condição de prostituição no Brasil e na Europa, bem como aquelas que se relacionaram com estrangeiros e conseguiram encontrar o seu dito "príncipe encantado". (COELHO; PAIVA; MORAES, 2011).

1º Momento: Seleção de filmes relacionados à temática em estudo

Os filmes selecionados devem, preferencialmente, ter por base roteiros que privilegiem diálogos e com um compromisso claro com a defesa e/ou apresentação de uma ideia. A seleção deve ser feita em conjunto com todos os envolvidos, de modo que a sequência dos filmes e a participação continuada na oficina permitam o respeito a um princípio elementar – partir do simples para o complexo. Assim, os primeiros filmes exibidos devem permitir, de modo mais fácil, a detecção do tema e do argumento do filme. Os filmes seguintes devem tornar o processo de detecção cada vez mais complexo.

2º Momento: Estabelecimento de um cronograma de apresentação dos filmes

O cronograma deve permitir o estabelecimento de rotinas de estudo e reflexão. Assim, sugerimos a realização de sessões semanais, as quais incitem os alunos a refletir, continuamente, sobre dada questão e a buscar formas de compreensão das imagens.

3º Momento: Elaboração de roteiros de observação dos filmes, pelos professores responsáveis, com indicações de leituras complementares

Por tratar-se de um processo de aprendizagem, os professores responsáveis pelas sessões devem preparar um roteiro de observação dos filmes que oriente a atenção do aluno sem, contudo, realizar as operações mentais que lhe são exigidas. A indicação de leituras adicionais é pertinente, mas não deve ser essencial para a compreensão do filme, especialmente em relação aos primeiros filmes a serem exibidos na Oficina.

4º Momento: Preparação de atividades posteriores, como produção de sinopses, descrições, indicações dos argumentos e resenhas dos filmes

A oficina tem por objetivo encaminhar a prática da abstração como parte essencial do processo de reflexão e da prática escolar – de produção e de crítica. O objetivo final, no entanto, é a capacidade de compreender o texto escrito e de expressar essa compreensão por meio da escrita. Assim, é fundamental que, ato contínuo à observação do filme, os alunos sejam instados a produzir textos sobre os filmes e sobre o que discutiram. Aqui, mais uma vez, o processo deve ser paulatino e constante – textos curtos (parágrafos ou linhas) no início e textos mais longos (uma ou duas laudas) à medida que os alunos se sintam mais seguros.

O procedimento em si: Sessões de exibição e discussão dos filmes

A exibição do filme deve ser acompanhada de uma discussão, por meio da qual o professor incite os alunos a indicarem a temática do filme e a posição do cineasta diante dela, considerando os diálogos e as imagens produzidas e ainda, por extensão, a problematizarem o cinema como um *produto* da Indústria Cultural, com linguagem própria composta por *signos* a serem entendidos por meio dos elementos que compõem o seu *conteúdo*, pelo *contexto sociopolítico* de sua produção e pelo modo como se deu a sua *recepção* (BITTENCOURT, 2004). Essa inflexão relacional apresenta-se como substantiva, pois o filme deverá ser trabalhado como *representação* de uma realidade e como um *discurso*, dotado de locutor – aquele que produz a mensagem, segundo seus objetivos sociopolíticos – e de interlocutor – o público ao qual é destinado.

Atividade 4: Oficina Músicas & Reflexões

Ministrantes: Coordenadores do projeto e professores
Tempo: 3 meses (cada Oficina com 20h/a)
Sugestão de músicas:

FICHA TÉCNICA					
Música	Negros	Olhos coloridos	Negro é lindo	O teu cabelo não nega	A lourinha, o playboy e negão
Cantor	Adriana Calcanhoto	Sandra de Sá	Jorge Bem Jor	Castro Barbosa	Kelly Key
Álbum	Senhas	Olhos Coloridos	Negro é lindo	XXX	XXX
Lançamento	1992	1994	1971	1931	2003
Gravado em	1992	XXX	1971	XXX	2002
Gênero(s)	Pop, MPB	MPB, *Black Music*	Samba	Marchinha	*Dance/Pop*
Duração	38:04	XXX	XXX	XXX	XXX
Formato	LP/ CD	XXX	XXX	XXX	XXX
Gravadora(s)	CBS/ Columbia	Som Livre	Philips	XXX	Warner Music
Produção	Adriana Calcanhoto	Sandra de Sá	Paulino Tapajós	Lamartine Babo	Sergio Mama Dj Juca
Composição	Adriana Calcanhoto	Macau	XXX	Castro/Lamartine	Sergio Mama Dj Juca

1º Momento: Seleção de músicas relacionadas à temática em estudo sob diferentes prismas representacionais

As músicas selecionadas deverão, preferencialmente, ter por base roteiros que privilegiem diálogos e com um compromisso claro com a defesa e/ou apresentação de uma ideia. A seleção deverá ser feita em conjunto com todos os envolvidos, de modo que a sequência de músicas e a participação continuada na oficina permita o respeito a um princípio elementar – abstrair a representação sobre o negro trazida na canção. Assim, as primeiras músicas serão ouvidas por todos e deverão permitir, de modo mais fácil, a detecção do tema e do argumento da música. As músicas, como nos filmes, deverão ter o processo de detecção cada vez mais complexo.

2º Momento: Estabelecimento de um cronograma de escuta e análise da música

O cronograma deve permitir o estabelecimento de rotinas de estudo e reflexão. Assim, sugerimos a realização de sessões semanais, as quais incitem os alunos a refletir, continuamente, sobre dada questão e a buscar formas de compreensão das letras.

3º Momento: Elaboração de roteiros de observação das letras das músicas

Pelos professores responsáveis, com indicações de outras canções com similaridade ideológica.

Por tratar-se de um processo de aprendizagem, os professores responsáveis pelas sessões devem preparar um roteiro de observação, prévio, das letras das músicas que oriente a atenção do aluno sem, contudo, realizar as operações mentais que lhe são exigidas.

4º Momento: Preparação de atividades posteriores, como produção textos, descrições, indicações dos argumentos e relacionamento das letras com a literatura apreendida na Oficina de textos

As músicas serão selecionadas tendo como outro princípio: a relação com a temática – de diferentes formas e nuances e que, de forma indireta ou direta, faça parte do contexto no qual o aluno está inserido.

Atividade 5: Oficina de Produção de Texto

Ministrantes: Coordenadores do projeto e professores
Tempo: 3 meses (cada Oficina com 20h/a)
Sugestão de textos:

COELHO, Wilma de Nazaré Baía. Só de corpo presente: o silêncio tácito sobre cor e relações raciais na formação de professoras no Estado do Pará. *Revista Brasileira de Educação,* v. 12, p. 39-56, 2007.
COSTA, Sérgio. A construção sociológica da raça no Brasil. *Estudos Afro-Asiáticos.* Rio de Janeiro, v. 24, n. 1, p. 35-62, 2002.
GOMES, Nilma Lino Gomes. Trajetórias escolares, corpo negro e cabelo crespo: reprodução de estereótipos ou ressignificações cultural? *Revista Brasileira de Educação,* Campinas: Autores Associados, n. 21, p. 40-51, set./dez. 2002.
GUIMARÃES, Antonio Sérgio Alfredo. Como trabalhar com "raça" em sociologia. *Educação e Pesquisa,* São Paulo: USP, v. 29, n. 01, p. 93-108, 2003.
MUNANGA, Kabengele. O racismo no mundo contemporâneo. *Cadernos PENESB,* UFF, v. 2, p. 31-44, 2000.
MUNANGA, Kabengele. Uma abordagem conceitual das noções de raça, racismo, identidade e etnia. *Cadernos PENESB,* Rio de Janeiro, UFF, n. 5, p. 15-34, 2004.

Neste caso não existe diferença substancial entre a primeira Oficina e esta, em relação aos objetivos finais, a diferença encontra-se no meio a partir do qual se pretender alcançar tais objetivos.

1° Momento: Seleção de textos relacionados, prioritariamente, à temática

Os textos selecionados devem, preferencialmente, ter por base roteiros que privilegiem diálogos e com um compromisso claro com a defesa e/ou apresentação de uma ideia. A seleção deve ser feita em conjunto, de modo que a sequência dos textos e a participação continuada na oficina permitam o respeito a um princípio elementar – partir do simples para o complexo. Assim, os primeiros textos discutidos devem permitir, de modo mais fácil, a detecção do tema e do seu argumento. Os textos seguintes devem tornar o processo de detecção cada vez mais complexo.

2º Momento: Estabelecimento de um cronograma de apresentação dos textos e dos professores responsáveis pela condução das discussões dos textos

O cronograma deve permitir o estabelecimento de rotinas de estudo e reflexão. Assim, sugerimos a realização de discussões semanais, as quais incitem os alunos a refletir, continuamente, sobre dada questão e a buscar formas de compreensão do epicentro da discussão apresentada pelo autor.

3º Momento: Elaboração de roteiros de análise dos textos, pelos professores responsáveis, com indicações de leituras complementares

Por tratar-se de um processo de aprendizagem, os professores responsáveis pelas discussões prepararão um roteiro de discussão dos textos que oriente a atenção do aluno sem, contudo, realizar as operações mentais que lhe são exigidas para a compreensão do texto: resumo dos textos em 10 linhas. Independentemente da atividade adotada, o fundamental é que, por meio dela, o aluno seja instado a pensar o texto como suporte de uma ideia, identificá-la e compreendê-la assim como a argumentação que a sustenta. A indicação de leituras adicionais é pertinente.

4º Momento: Sessões de discussão dos textos

A apresentação do texto será acompanhada de uma discussão, por meio da qual o professor convocará os alunos a indicarem o epicentro da discussão trazida pelo autor. Menos que a opinião do aluno, a discussão deverá ser pautada na natureza e nos argumentos do texto examinado, considerando para isso argumentos principais e secundários. Os textos deverão ser selecionados previamente, e deverão ser entregues aos alunos com o mínimo de 15 dias de antecedência.

PÚBLICO ALVO

Alunos pertencentes ao 9º ano do Ensino Fundamental da Escola Enedina Sampaio Melo.

AVALIAÇÃO DO PROJETO

Atividade 6: Avaliação da aprendizagem pelos alunos da escola

A avaliação dar-se-á de modo processual e contínuo (DEPRESBITERIS, 2005; HOFFMANN, 2005): a cada sessão o aluno produzirá um texto, que começará com dez linhas; ao final, o texto será de uma lauda sobre a temática específica de cada sessão, como já citado anteriormente. Os critérios de avaliação levarão em consideração as dimensões: *temática/objeto/objetivos/argumento/estratégias argumentativas e relação com o contexto do aluno*. Aqui, sobre esse aspecto, o professor responsável atentará para o uso devido das analogias, para não cair em *anacronismos* (MONTEIRO, 2005). Aos alunos será entregue o mesmo formulário preenchido no início do projeto, no qual constaram/constarão questões relacionadas a cor/raça, entendimento sobre *raça/cor/racismo/preconceito e discriminação racial*. O resultado desse levantamento será reunido para a produção de uma *Cartilha* sobre as representações dos alunos da escola acerca da temática[10]. A produção ficará sob a respon-

[10] Destacamos o trabalho de Lana Mara de Castro Siman (2005), a qual trabalhou em uma pesquisa as representações de alunos entre 9 e 11 anos acerca do negro nos livros de História.

sabilidade dos professores de língua portuguesa e da coordenação do projeto. A *Cartilha* servirá de material didático para as turmas de 9º ano do ano seguinte.

Atividade 7: Avaliação da aprendizagem pelos profissionais da escola

Neste momento, será entregue um formulário, específico, aos professores e profissionais da escola no qual serão instados a responder questões relativas aos impactos do projeto nos índices de leitura dos alunos e de abstração em suas disciplinas, especialmente no tocante à temática central desenvolvida no projeto em tela.

CONCLUSÕES

Na culminância do projeto será exigida a produção de uma reflexão escrita, a partir dos textos lidos e da reflexão realizada por meio das músicas e dos filmes assistidos. Os alunos deverão compor um registro oral das representações sobre o negro antes e depois do envolvimento no projeto. Os professores e técnicos também farão parte desse **documentário**, todos realizarão registro oral sobre o apreendido e refletido sobre a temática. Além desse produto, haverá também a *Cartilha* produzida pelos coordenadores do projeto, como parte da avaliação, como já frisado, e comporá este momento, também. Todo esse registro sofrerá edição e organização de ideias para se constituir em Suporte Didático para a escola e poderá ser utilizado como ponto inicial de trabalho com as turmas do 9º ano do ano seguinte. Tanto a *Cartilha* quanto o documentário serão submetidos, por intermédio de seus coordenadores, professores e alunos, à comunidade escolar para avaliação e problematização, por meio de debate, por ocasião de um Seminário de Culminância, a ocorrer no dia 20 de novembro. Como Le Goff (1996, p. 477), devemos "trabalhar de forma que a memória coletiva sirva para a libertação e não para a servidão dos homens".

REFERÊNCIAS

AMORIM, Andréia Maria da Cruz. *Cor e Ensino superior*: trajetórias e o sucesso escolar de universitários negros na UFMT. Coleção Educação e relações Raciais, 10. Cuiabá: EdUFMT, 2007.

BARCELOS, L. C. Educação: um quadro de desigualdades raciais. *Estudos Afro-Asiáticos*, Rio de Janeiro, n.23,p.37-69, dez.1992.

BERTONI, Luci Mara. Arte, indústria cultural e educação. *Caderno Cedes*, ano XXI, n. 54, p. 76-81, ago. 2001.

BOURDIEU, Pierre. *O poder simbólico*. 5. ed. Rio de Janeiro: Bertrand Brasil, 2002.

BRASIL. *Lei nº 9.394*, de 20 de Dezembro de 1996. Estabelece as Diretrizes e Bases da Educação.

BRASIL. *Lei nº 10.639*, de 9 de janeiro de 2003. Diário Oficial da União de 10 de janeiro de 2003.

BRASÍLIA, DF. *Diretrizes Curriculares Nacionais para a Educação das Relações Étnico-Raciais e para o Ensino de História e Cultura Afro-Brasileira e Africana*. Outubro, 2004.

CAVALLEIRO, E. (Org.). *Racismo e anti-racismo na educação*: repensando nossa escola. 2. ed. São Paulo: Summus, 2001.

CHARTIER, Roger. *A história cultural* – entre práticas e representações. Trad. Maria Manuela Galhardo. Lisboa: DIFEL; Rio de Janeiro: Bertrand, 1990.

_______. O mundo como representação. *Estudos Avançados*, v.5, n.11, p.173-191, jan./abr. 1991.

CANDAU, Vera (Coord.). *Somos tod@s iguais?* Escola, discriminação e educação em Direitos Humanos. Rio de Janeiro. DP&A, 2003.

COELHO, Wilma N. B.; COELHO, Mauro Cezar. O Campo improvisado: prática docente nos relatos de professores. In: *CONGRESSO PORTUGUÊS DE SOCIOLOGIA: MUNDOS SOCIAIS* – SABERES E PRÁTICAS, 6., 2008, Lisboa. Lisboa: s.ed., 2008.

COELHO, Wilma N. B.; COELHO, Mauro; PINTO, Ivany. Brasil. Relatório Região Norte. In: GOMES, Nilma Lino (Coord.). Relatório Nacional *Práticas*

Pedagógicas de Trabalho com relações étnico-raciais na escola na perspectiva da Lei 10.639/2003. MEC/UNESCO, 2010.

COELHO, Wilma N. B.; COELHO; MORAES, F.; PAIVA, R. CINDERELAS, LOBOS E UM PRÍNCIPE ENCANTADO": Aprendendo e ensinando por meio de trajetórias de vida – usos de um documentário em sala de aula.In: SOUZA, Edileuza (Org.). *Negritude, Cinema e Educação*. Mazza Edições, Belo Horizonte, 2011. (no prelo).

COELHO, Wilma N. B. *Retrato em Negro e branco*: trajetórias profissionais de professores/as negros/as na UFPA. 2000. Dissertação (Mestrado em Educação)-Universidade da Amazônia, Belém, 2000.

COSTA, Sérgio. A construção sociológica da raça no Brasil. *Estudos Afro-Asiáticos*, Rio de Janeiro, v. 24, n. 1, p. 35-62, 2002.

COSTA PINTO. Luis A. *O negro no Rio de Janeiro*: relações de raça em uma sociedade em mudança. Rio de Janeiro: UFRJ, 1998.

CORDEIRO, Raul A. Aparência física e amizade íntima na adolescência: estudo num contexto pré-universitário. *Análise Psicológica*. [online]. v. 24, n. 2006. Disponível em <http://www.scielo.oces.mctes.pt/scielo. php?script=sci_arttext&pid=S0870-82312006000400006&lng=pt&nrm=iso>.Acesso em: 29 abr. 2009.

COUTINHO, Luciana Gageiro et al. Ideais e identificações em Adolescentes de Bom Retiro. *Psicologia & Sociedade*, n. 17, p. 33-39, set./dez. 2005.

CUNHA, Olívia Maria Gomes da. Bonde do mal: notas sobre território, cor, violência e juventude numa favela do subúrbio carioca. In: REZENDE, Claudia Barcellos; MAGGIE, Yvonne. *Raça como retórica*: a construção da diferença. Rio de Janeiro: Civilização Brasileira, 2001. p. 83-153

DA MATTA, Roberto. Digressão: fábula das três raças, ou problema do racismo à brasileira. In: _______. *Relativizando*: uma introdução à antropologia social. Rio de Janeiro: Rocco, 1993. p. 58-85.

DEPRESBITERIS, Léa. Avaliação da aprendizagem do ponto de vista técnico-científico e filosófico-político. *A construção do projeto de ensino e a avaliação*, São Paulo, v. 8, 2005. Disponível em: <http://www.crmariocovas.sp.gov.br/pdf/ideias_08_p161-172_c.pdf>. Acesso em: 26 jan. 2011.

FELIPE, Delton Aparecido; TERUYA, Teresa Kazuko. Imagens da África no cinema: o potencial da mídia no ensino da história. ETD – Educação Temática Digital, Campinas, v. 11, n. 1, p. 96-122, dez. 2009. Disponível em: http://www.scielo.br.

FERNANDES, José Ricardo Oriá. Ensino de história e diversidade cultural: desafios e possibilidades. *Cadernos CEDES*, Campinas, v. 25, n. 67, p. 378-388, set./dez. 2005.

FERNANDES, Florestan. *A integração do negro na sociedade de classes*. São Paulo: Ática, 1978. 2 v.

FERRARO, Alceu Ravanello. Analfabetismo e níveis de letramento no Brasil: o que dizem os Censos? *Educação & Sociedade*, Campinas, v. 23, n. 81, p. 21-47, dez. 2002.

GOEDERT, Rosicler T. As experiências dos adolescentes em situação de escolarização na escola pública da cidade de Curitiba/ PR. In: *Anais... SIMPÓSIO INTERNACIONAL DO ADOLESCENTE*, 1, 2005. São Paulo, 2005.

GOMES, Joaquim Barbosa. O debate constitucional sobre as ações afirmativas. In. SANTOS, Renato Emerson dos; LOBATO, Fátima. (Org.). *Ações Afirmativas*: políticas públicas contra as desigualdades raciais. Rio de Janeiro: DP&A, 2003, p. 14-57.

GOMES, Nilma Lino. Educação cidadã, etnia e raça: o trato pedagógico da diversidade. In.: CAVALLEIRO, Eliane (Org.). Racismo anti-racismo na educação: repensando nossa escola. São Paulo: Selo Negro, 2001, p. 83-96.

_______. Práticas pedagógicas e questão racial: o tratamento é igual para todos/as? In.: DINIZ, Margareth; VASCONCELOS, Renata Nunes (Orgs.). Pluralidade cultural e inclusão na formação de professoras e professores: gênero, sexualidade, raça, educação especial, educação de jovens e adultos. Belo Horizonte: Formato Editorial, 2004. p. 80-106.

GUIMARÃES, Antonio Sérgio Alfredo. Raça e os estudos de relações raciais no Brasil. Novos Estudos *CEBRAP*, São Paulo, n. 54, p. 147-156, 1999.

_______. *Classes, raças e democracia*. São Paulo: Editora 34, 2002.

_______. Como trabalhar com "raça" em sociologia. *Educação e Pesquisa (USP)*, São Paulo, v. 29, n. 01, p. 93-108, 2003.

_______. Preconceito de cor e racismo no Brasil. *Revista de Antropologia*, São Paulo, v. 47, n. 1, p. 9-44, 2004.

_______. *Preconceito racial*: modos, temas e tempos. São Paulo: Cortez, 2008.

GUIMARÃES, Antonio Sérgio Alfredo; HUNTLEY, Lynn (Org.). *Tirando a máscara*: ensaios sobre o racismo no Brasil. São Paulo: Paz e Terra, 2000.

_______. *Racismo e anti-racismo no Brasil*. 2. ed. São Paulo: Editora 34, 2005.

HASENBALG, Carlos Alfredo. *A discriminação e desigualdades raciais no Brasil*. Tradução Patrick Beurglion. Rio de Janeiro: Graal, 1979.

HASENBALG, Carlos Alfredo; SILVA, Nelson Valle. Raça e oportunidades educacionais no Brasil. *Estudos Afro-Asiáticos*, Rio de Janeiro, n. 18, p. 73-91, maio 1990.

HENRIGER, Rosana. Mapaeamento das Ações e Discursos de Combate às Desigualdades Raciais no Brasil. *Estudos Afro-Asiáticos*, Rio de Janeiro, ano 23, n. 2, p. 1-43, 2001.

HENRIQUES, Ricardo. Desigualdade racial no Brasil: evolução das condições de vida na década de 90. Rio de Janeiro: *IPEA*, 2001.

HOFFMANN, Jussara. Avaliação mediadora: uma relação dialógica na construção do conhecimento. *A construção do projeto de ensino e a avaliação*. São Paulo, v. 8, 2005. Disponível em: <http://www.crmariocovas.sp.gov.br/int_a.php?t=008 - 53k>. Acesso em: 26 jan. 2011.

LE GOFF, J. *História e memória*. 4. ed. Campinas: UNICAMP, 1996.

PARÁ. Secretaria de Estado de Educação. *Políticas de Educação Básica do Estado do Pará*. Belém, 2008.

LIMA, Silvia Mendes. Modos de subjetivação na condição de aprendiz: embates atuais. *História, Ciências, Saúde* – Manguinhos, Rio de Janeiro, v. 10, n. 3, p. 931-953, set./dez. 2003.

MINISTÉRIO DA EDUCAÇÃO. SECRETARIA DA EDUCAÇÃO CONTINUADA, ALFABETIZAÇÃO E DIVERSIDADE. *Orientações e Ações para Educação das Relações Étnico-Raciais*. Brasília: SECAD, 2006.

MONTEIRO, Ana Maria F. C. Entre o estranho e o familiar: o uso de analogias no ensino de história. *Cadernos CEDES*, Campinas, v. 25, n. 67, p. 333-347, set./dez. 2005.

MUNANGA, Kabengele. O racismo no mundo contemporâneo. *Cadernos Penesb*, UFF, v. 2, p. 31-44, 2000.

_______. Uma abordagem conceitual das noções de raça, racismo, identidade e etnia. *Cadernos PENESB*, Rio de Janeiro, UFF, n. 5, p. 15-34, 2004.

NAPOLITANO, Marcus. 'Hoje preciso refletir um pouco': ser social e tempo histórico na obra de Chico Buarque de Holanda – 1971/1978. *História*, São Paulo, v. 22, n. 1, p. 115-134, 2003.

_______.; WASSERMAN, Maria Clara. Desde que o samba é samba: a questão das origens no debate historiográfico sobre a música popular brasileira. *Revista Brasileira de História*, São Paulo, v. 20, n. 39, p. 167-189, 2000.

NOGUEIRA, Oracy. Preconceito racial de origem e preconceito racial de marca. *Tempo Social*, Revista de Sociologia da USP, v. 19, n. 1, p. 287-308, nov. 2006.

OLIVEIRA, Maria Cláudia S. Lopes de. Identidade, narrativa e desenvolvimento na adolescência: uma revisão crítica. *Psicologia em estudo*, Maringá, v. 11, n. 2, p. 427-436, maio/ago. 2006.

OLIVEIRA, I. *Desigualdades raciais*: construções da infância e da juventude. Niterói: Intertexto, 1999.

ORTIZ, Renato. *Cultura brasileira e identidade nacional*. São Paulo: Brasiliense, 1994.

OZELLA, Sergio; AGUIAR, Wanda Maria Junqueira de. Desmistificando a concepção de adolescência. *Cadernos de Pesquisa*, v. 38, n. 133, p. 97-125, jan./abr. 2008.

PAIXÃO, Marcelo. *A Dialética do Bom Aluno*: relações raciais e o sistema educacional brasileiro. Rio de Janeiro: Editora FGV, 2008.

PARANHOS, Adalberto. A invenção do Brasil como terra do samba: os sambistas e sua afirmação social. *História*, São Paulo, v. 22, n. 1, p. 81-113, 2003.

PIERSON, D. *Brancos e pretos na Bahia*. São Paulo: Nacional, 1971.

PRIMI, Ricardo et al. Habilidades e Competências cognitivas – diferentes definições dos mesmos construtos. *Psicologia: teoria e pesquisa*, Brasília, v. 17, n. 2, p. 151-159, maio/ago. 2001.

ROSEMBERG, Fúlvia. Segregação espacial na escola paulista. *Estudos Afro-Asiáticos*, Rio de Janeiro, n. 19, p. 97-107. dez. 1990.

SANTANA, Patrícia. *Professor@s Negr@s:* trajetórias e travessias. Belo Horizonte: Mazza Edições, 2004.

SCHWARCZ, Lilia. *Racismo no Brasil.* São Paulo: PubliFolha, 2001.

SENNA, Luiz Antonio Gomes. O conceito de letramento e a teoria da gramática: uma vinculação necessária para o diálogo entre as ciências da linguagem e a educação. *D.E.L.T.A.*, v. 23, n. 1, p. 45-70, 2007.

SILVA, Vinícius Gonçalves Bento da. As mensagens sobre drogas no rap: como sobreviver na periferia. *Ciências e Saúde Coletiva*, v. 9, n. 4, p. 975-985, 2004.

SILVA, Vitória Rodrigues e. Estratégias de leitura e competência leitora: contribuições para a prática de ensino em História. *História*, São Paulo, v. 23, n. 1 e 2, p. 69-83, 2004a.

_______. Letramento e alfabetização: as muitas facetas. *Revista Brasileira de Educação*, São Paulo, v. 1, n. 25, p.5-17, jan./fev./mar./abr./2004b.

SILVA Jr. H. *Discriminação racial nas escolas*. Brasília. DF: UNESCO, 2002.

SIMAN, Lana Mara de Castro. Representações e memórias sociais compartilhadas: desafios para os processos de ensino e aprendizagem da História. *Cadernos CEDES*, Campinas, v. 25, n. 67, p. 348-364, set./dez. 2005.

SKIDMORE, Thomas E. *Preto no branco*: raça e nacionalidade no pensamento brasileiro. Trad. Raul de Sá Barbosa. Rio de Janeiro: Paz e Terra, 1976.

SOARES, Magda. Apresentação. *Educação & Sociedade*, Campinas, v. 23, n. 81, p. 15-19, dez. 2002.

_______. Novas práticas de leitura e escrita: letramento na cibercultura. *Educação & Sociedade*, Campinas, v. 23, n. 81, p. 143-160, dez. 2002.

TELLES, Edward Eric. *Racismo à brasileira*: uma nova perspectiva sociológica. Trad. Nadjeda Marques e Camila Olsen. Rio de Janeiro: Relume Dumará: Fundação Ford, 2003.

VYGOTSKY, Lev S. *Formação social da mente.* São Paulo: Martins Fontes, 1991. Disponível em: <http://www.pr.gov.br/bpp>. Acesso em: 16 mar. 2009.

_______. *Pensamento e linguagem.* São Paulo: Ridendo Castigat Mores, 2001. Disponível em: <http://www.ebooksbrasil.org/eLibris/vigo.html>. Acesso em: 06 mar. 2009.

ZENI, Bruno. O negro drama do rap: entre a lei do cão e a lei da selva. *Estudos Avançados*, v. 18, n. 50, 2004.

CAPÍTULO 2

A participação africana na formação cultural brasileira

Amanda Braga Cruz
Ana Karla Barbosa Bezerra
Nicelma J. Brito Soares

CONTEXTO

O Projeto de Intervenção Pedagógica "A participação africana na formação cultural brasileira" será aplicado na Escola em Regime de Convênio com o Estado do Pará "Centro Educacional Cinderela", situada no município de Ananindeua, integrante da região metropolitana de Belém, no bairro do PAAR[11]. Este último, que durante algum tempo foi considerado a maior área de ocupação da América Latina, atualmente é um conjunto habitacional, localizado em uma área de grande incidência de casos de violência urbana.

[11] Sigla proveniente da junção dos nomes dos estados do Pará, Amapá, Amazonas e Roraima, pertencentes à região norte na época da ocupação do bairro.

A escola atende alunos dessa redondeza há mais de 20 anos. Foi construída em regime de mutirão pelos primeiros moradores da área. Suas atividades tiveram início com seis alunos e uma sala. Atualmente a escola é conveniada com o Governo do Estado do Pará e atende a 427 alunos distribuídos em dois turnos: manhã e tarde, oferecendo Ensino Fundamental de 1º ao 4º ano.

No que tange à estrutura física, a escola tem salas pequenas e lotadas com cerca de trinta e quatro alunos, as quais estão distribuídas em dois andares. O prédio não tem quadra de esportes, o que concorre para que as aulas de Educação Física ocorram na rua em frente à escola, em meio aos carros de uma oficina que fica ao lado desta.

Além dessa, o estabelecimento enfrenta algumas dificuldades como falta de reformas na estrutura física, atraso na merenda escolar, falta de materiais de limpeza, dentre outros.

OBJETIVOS

A proposição das atividades deste Projeto de Intervenção objetiva analisar as influências africanas presentes na formação da sociedade brasileira. Esse objetivo consubstancia-se nos seguintes objetivos específicos: Discutir relações de preconceito e intolerância com o outro; apresentar a diversidade de contextos culturais, crenças, hábitos presentes nos mitos de origem africana; analisar as composições familiares até o antepassado mais longínquo, produzindo conhecimento das histórias particulares; descrever os fatos relevantes de ordem socioeconômica e de natureza linguística que favoreceram a interferência de línguas africanas na língua portuguesa no Brasil; identificar influências africanas na cultura brasileira; e explorar imagens positivas da história dos negros no Brasil.

JUSTIFICATIVA

A partir das discussões tecidas no curso de Especialização em Relações Étnico-Raciais para o Ensino Fundamental, este Projeto de

Intervenção Pedagógica foi pensado para ser aplicado na Escola em Regime de Convênio com o Estado do Pará "Centro Educacional Cinderela".

A partir das considerações de Santos (2006), o projeto tem como temática o estudo da participação africana para a formação histórica e cultural da sociedade brasileira:

> O modo de viver, pensar e trabalhar do brasileiro está completamente impregnado da matriz africana. Desde a língua, passando pela gestualidade e pela religiosidade, é muito difícil não identificar a mão e a alma negras naquilo que denominamos cultura brasileira. (SANTOS, 2006, p. 148).

Em que pese essa presença, a África, um continente marcado pela diversidade, multiculturalidade e tradições milenares, durante anos veio sendo representada nos materiais didáticos como um continente sem história, além de ser marcado por uma imagem negativizada que reservou aos negros o papel de inferioridade no contexto histórico.

> Teorias pseudocientíficas de hierarquia entre as 'raças' destituíam o africano de sua condição humana. Na mais generosa hipótese, ele e outros povos 'selvagens' ou 'primitivos' seriam classificados como seres subumanos ou irremediavelmente inferiores. Enquanto protagonista da história e da civilização, o ser humano era tido como branco quase por definição. (NASCIMENTO E., 2006, p.33)

Nesse sentido, este projeto vem atender a Lei Federal nº 10.639/2003, que alterou a Lei de Diretrizes e Bases da Educação Nacional (LDB), ao estabelecer a obrigatoriedade do ensino sobre História e Cultura Afro-brasileira nos estabelecimentos de ensino públicos e privados de todo o País.

Apesar do entendimento de que é fundamental, para um bom desenvolvimento, que a criança se sinta valorizada, "vários estudos que relacionam negro e educação apontam que a ausência de referenciais civilizatórios africanos no cotidiano escolar vai produzir como resultado a desestruturação da identidade e autoestima das crianças negras". (NASCIMENTO V., 2006, p. 29).

As manifestações que concorrem para essa desestruturação têm sua efetividade no espaço escolar mediante a ocorrência de expressões racistas entre seus agentes, pela omissão e pelo silêncio quando essas situações ocorrem, pelo silêncio e ocultamento da imagem do negro como imagem positiva, pela super-representação da imagem do branco (GOMES, 2003). Na contramão de tais ocorrências, este mesmo espaço se constitui "lugar privilegiado para aprender as diferenças e possibilidades de transformação" (COELHO e COELHO, 2008, p. 81).

Nesse sentido, este Projeto esboça uma tentativa de reescrita de nossa história sob a ótica da influência da população africana para formação de nossa sociedade.

Partimos do entendimento de que as práticas excludentes e racistas são oriundas, dentre outros, da pouca discussão sobre a história e cultura africana, o que impede um entendimento da história e da cultura brasileira a partir da visão dos afrodescendentes, pois sem esse conhecimento ela se torna uma história unilateral.

Vivemos em um país cuja maioria da população é composta por negros e afrodescendentes[12]. Desse aspecto, além da importância histórica e social, advém a importância de descortinar a influência dos povos africanos em nossa cultura, pois os conteúdos tangenciados pelo currículo escolar não legitimam a presença do negro como uma das matrizes na constituição do povo brasileiro. Este conteúdo, restrito ao período da escravidão, apresenta o negro como subalterno e inferior.

---

[12] Pesquisa Nacional por Amostra de Domicílios, promovida pelo IBGE em 2009, apresenta 51,1% da população brasileira classificada racialmente como negra. Disponível em http://www.ibge.gov.br/home/estatistica/populacao/condicaodevida/indicadoresminimos/sinteseindicsociais2010/default_tab.shtm. Acesso 22 jan 2011.

> "Somos todos humanos: está é a verdade que a antropologia revela, demonstrando também que o conceito de raça, do ponto de vista antropológico, é uma construção social. Dessa perspectiva, não existem raças humanas diferenciadas que devam ser dispostas numa escala de inferior a superior. É essa visão que precisamos ultrapassar nos programas curriculares, nas pesquisas e escolhas de conteúdo." (LOPES, 2006, p. 30.).

A Escola em Regime de Convênio Cinderela não apresenta nenhuma proposta voltada para o estudo das relações étnico-raciais e tem considerável número de alunos negros. Em face do exposto, é comum o professor precisar combater situações de preconceito de cunho religioso e racial produzidas nas chamadas "brincadeirinhas" entre os alunos, em que se observa a falta de respeito à diversidade cultural e a desvalorização das influências africanas que contribuíram para formação da sociedade brasileira.

Nesse panorama, este Projeto de Intervenção tem a proposta de contemplar alunos negros e brancos, mediante a adoção de procedimentos pedagógicos como apresentar histórias (fábulas, lendas, mitos e contos) de povos africanos, mapas das regiões africanas, imagens de negros bem sucedidos para estar lado a lado dos brancos procurando naturalizar a igualdade. A opção por estendê-lo a todos os alunos ocorre em face do reconhecimento da importância de uma educação pluricultural e pluriracial como um dos pilares de uma sociedade brasileira verdadeiramente democrática: entendemos que é preciso garantir o exercício da cidadania por todos os agentes sociais, independentemente da identidade racial, pois esta ainda interfere no reconhecimento desse direito à população negra. (COELHO, 2006).

PÚBLICO-ALVO

Este Projeto será aplicado junto a aproximadamente 80 alunos da 3ª e 4ª séries do turno da manhã da escola Cinderela. É importante destacar que os alunos dessa escola são oriundos de uma realidade socioeconômica desfavorecida. Muitos apresentam uma agressividade característica da situação de risco na qual vivem, o que acaba comprometendo o processo de ensino-aprendizagem tornando-o muito deficitário.

ATIVIDADES

Atividade 1: Apresentação do projeto à comunidade escolar

Inicialmente, será apresentada a proposta pedagógica do Projeto que será aplicado na Escola seguindo as orientações da Lei nº 9.394/96 – atualizada, que estabelece as Diretrizes e Bases da Educação Nacional, tornando obrigatório o ensino da História e Cultura Afro-Brasileira e Indígena.

Atividade 2: Quem sou eu?

Para esta etapa, tenciona-se proporcionar um encontro entre as informações que os alunos têm sobre sua vida, sua história e construir uma linha de história pessoal integrada ao contexto social.

Para esta atividade, serão observadas as seguintes situações didáticas: solicitar aos alunos que façam sua apresentação pessoal oralmente; aplicação de um questionário com as seguintes perguntas: Que personagem infantil você mais gosta? Qual sua comida preferida? Que tipo de música gosta de ouvir? Um nome de pessoa que acha bonito? Que acontecimento marcante aconteceu em sua vida? Aplicados os questionários, os alunos apresentarão suas respostas; o professor fará uma reflexão sobre diferenças, a partir das respostas dadas pelas crianças; serão apresentados aos alunos fatos marcantes no contexto social, numa linha do tempo; os alunos construirão sua linha do tempo com fatos de sua história pessoal, integrada a acontecimentos do contexto social.

Atividade 3: "Eu e o outro"

Esta atividade, complementar à primeira, visa a reconhecer e valorizar o outro. Sua execução ocorrerá mediante solicitação aos alunos para que tragam uma foto de outra pessoa que faz parte de sua vida. A partir das fotografias, os alunos deverão identificar a pessoa descrevendo quais as características que mais lhes chamam atenção e justificando a escolha desta para estar ao seu lado; os alunos deverão escrever essas informações e em seguida tecer comentários sobre características físicas de um e outro. Com base nas identificações serão apresentados casos de discriminação produzidos pela falta de respeito às diferenças. A atividade será finalizada com a produção de um mural com as fotos trazidas pelos alunos.

Atividade 4: "Mitos da criação"

Procedidas as reflexões sobre as diferenças, nesta etapa, os alunos terão acesso às narrativas do mito da criação do mundo contadas em quatro regiões da África (Boshongo, Egípcio, Etíope, Fon e Iorubá).

Para esta atividade será organizada uma roda de leitura com os alunos com entrega de textos que contam o mito da criação em quatro regiões diferentes da África. Os alunos farão a leitura do texto em voz alta. Será solicitado que estes assinalem as palavras que lhes chamaram a atenção e que socializem o que entenderam do texto, nome de personagens e o parecer sobre as narrativas. A conclusão da atividade ocorrerá com a produção de um desenho sobre uma das narrativas lidas e exposição destes no mural.

Atividade 5: Conhecendo a África

O acesso às narrativas africanas alavancará as discussões sobre fatos relevantes de ordem socioeconômica e de natureza linguística que favoreceram a interferência de línguas africanas na língua portuguesa no Brasil. Esta etapa da atividade será efetivada com a apresentação do mapa do continente africano para os alunos. Esse recurso também será utilizado para identificação dos países que compõem o continente africano e dos países que falam a língua portuguesa.

Após esse momento, a turma será dividida em grupos de três alunos para duas atividades lúdicas: a primeira consiste no preenchimento do nome dos países do continente africano em um mapa sem a identificação destes. Na segunda, os alunos, divididos em grupos, procederão a montagem do quebra-cabeça do "Mapa das Regiões do Continente Africano". Ao término, os alunos socializarão o que aprenderam com essa atividade.

Atividade 6: Recontando a história

A partir das discussões iniciais sobre a influência linguística, esta etapa visa a aprofundar com os alunos a percepção de um Brasil fortemente marcado pela cultura africana. Este momento prevê o levantamento dos conhecimentos prévios dos alunos sobre a questão da escravidão negra no Brasil e da formação da nação brasileira. Feito o levantamento, será projetado o documentário da coleção "O povo brasileiro"[13], para que os alunos exponham o que mais lhes chamou atenção no documentário.

---

[13] Vídeo *"A Formação do povo brasileiro"* é uma co-produção da TV Cultura, GNT e Fundar. A série conta com a participação de Chico Buarque, Tom Zé, Antônio Cândido, Aziz Ab´Saber, Paulo Vanzolini, Gilberto Gil, Hermano Vianna, entre outras personalidades. O documentário é uma recriação da narrativa de Darcy Ribeiro, e discute a formação dos brasileiros, sua origem mestiça e a singularidade do sincretismo cultural que dela resultou. Com imagens captadas em todo o Brasil, material de arquivo raro e depoimentos, a série é um programa indispensável para educadores, estudantes e todos os interessados em conhecer um pouco mais sobre o nosso país. Este documentário será exibido sob a orientação e intermediação didática do coordenador do projeto para dirimir qualquer tipo de ambiguidade no entendimento dos conceitos nele exibidos.

Atividade 7: Construindo a identidade por meio da dança

Procedidas as reflexões sobre a participação africana na formação da sociedade brasileira, a turma vivenciará algumas das manifestações culturais deste povo através dos ritmos e movimentos da dança afro.

Neste momento, será oportunizado um contato com músicas e danças de origem africana, mediante o uso de slides, visando a reconhecer as influências dos ritmos africanos na cultura brasileira. Após esse contato, os alunos terão a oportunidade de participar de uma roda de capoeira coordenada por um mestre de capoeira que será levado à escola para trabalhar com os alunos. A participação se espraiará para uma apresentação de instrumentos musicais de origem africana. A culminância ocorrerá com uma produção textual sobre as impressões colhidas com a atividade.

Atividade 8: Produzindo um texto coletivo sobre a cultura africana

A proposta desta atividade consiste em identificar a presença das palavras de origem africana no vocabulário português. Para sua execução serão distribuídas aos alunos folhas com "caça-palavras", as quais serão exploradas com o grupo quanto a sua utilização em nosso vocabulário.

Para evidenciar esta utilização, será realizada outra atividade com os alunos dispostos em círculo: será passada uma caixa com motivos africanos a qual conterá palavras de origem africana. A caixa passará de mão em mão entre os alunos, ao som de uma música; no momento em que a musica parar de tocar o aluno que estiver com a caixa tirará uma palavra e deverá construir uma frase que será anotada pelo professor. Os próximos deverão repetir o mesmo procedimento tentando completar coerentemente o texto coletivo com suas frases. Concluída a construção do texto, com aproximadamente quinze palavras, os alunos serão incentivados a reescrevê-lo coletivamente com os ajustes necessários.

Atividade 9: Vamos cantar?

Com o enfoque sobre expressões africanas presentes em nosso vocabulário, os alunos farão uma incursão ao dialeto angolano por meio da música.

Para esta atividade será distribuída a letra da música *Nvula*[14], e em seguida os alunos ouvirão a execução desta, sendo convidados a entoarem-na. Procedido o contato inicial com a canção, será apresentada a tradução da letra da música e desenvolvida atividade de formação de um jogral com as frases da música. Para culminar esta etapa de enfoque à influência africana em nossa linguagem, o grupo será convidado a refletir sobre os diferentes dialetos que existem em nossa cultura.

Atividade 10: Heróis negros da história brasileira

Para esta atividade a turma trabalhará com as representações que permeiam a construção da identidade africana, utilizando texto escrito e ilustrações que enfoquem referenciais negros.

Para atender a esta proposta, os alunos terão acesso à obra "Zumbi dos Palmares", do autor Renato Lima, em rodas de leitura que inicialmente explorarão aspectos gráficos e formais do livro, como a capa, a ilustração, o nome do autor, do ilustrador, qual o tema abordado, quais as cores que compõem a capa, qual a relação que apresentam com as características africanas. Após esse contato inicial, a turma será organizada em duplas com o intuito de ler e responder oralmente os questionamentos feitos sobre o livro.

Será solicitado que os alunos tragam informações de personalidades negras em vários campos de atuação, música, dança, literatura,

---

[14] *"Nvula Ieza Kia"*, em dialeto angolano, é uma composição de Felipe Mukenga , interpretada por Djavan e Gilberto Gil.

teatro, esporte, política, para a construção de um painel que reflita a importância da cultura negra para a construção da sociedade brasileira.

Atividade 11: Oficina de pintura e confecção de fantoches

Os alunos visualizarão em desenhos e figuras alguns instrumentos musicais de origem africana. Após explorá-los, a turma será dividida em equipes de no máximo quatro alunos, para a confecção de desenhos, instrumentos musicais de sucata e fantoches. Ao concluírem os trabalhos, os alunos serão estimulados a nomear os fantoches com nomes de origem africana.

O Projeto terá como culminância uma socialização das atividades produzidas ao longo da aplicação e avaliação dos impactos causados na escola. Para a socialização, será realizada uma grande exposição dos trabalhos produzidos, a qual ocorrerá por ocasião das comemorações do Dia da Consciência Negra. Toda a escola será mobilizada para participação na exposição que agraciará os visitantes com a entrega de brindes confeccionados pelos alunos com motivos africanos. Os alunos diretamente envolvidos no Projeto terão oportunidade de reafirmar conceitos explorados durante a aplicação deste.

AVALIAÇÃO

No que tange à avaliação, a experiência deste trabalho tem por objetivo provocar a reflexão dos alunos, colegas de trabalho e funcionários da escola, sobre atitudes, argumentos e posicionamentos diante das injustiças presenciadas no dia a dia. Comportamentos serão avaliados para que se tenha uma dimensão acerca dos resultados alcançados, ou seja, o processo de avaliação sobre o impacto do projeto na escola será realizado de maneira constante, além dos processos que adotem o uso de produção textual.

A proposta de avaliação da aprendizagem consistirá em buscar, nas anotações e registros dos alunos, pontos que sinalizem as compreensões advindas do trabalho realizado. Será estimulada a reflexão sobre a influência da participação africana em nossa sociedade para construção de um relatório que, a partir do ponto de vista individual, resuma o que cada um aprendeu sobre o tema discutido.

REFERÊNCIAS

BRASIL, Lei nº 10.639, de 9 de Janeiro de 2003. Diário Oficial da União de 10 de Janeiro de 2003.

COELHO, Wilma de Nazaré Baía. Igualdade e diferença na escola: um desafio à formação de professores. *Cronos*: Revista do Programa de Pós-Graduação em Ciências Sociais da URFN. Natal, v. 7, n. 2, p. 303-309. jul/dez. 2006.

_______.; COELHO, Mauro César (Orgs). *Raça, cor e diferença*: a escola e a diversidade. Belo Horizonte: Mazza, 2008.

GOMES, Nilma Lino. Cultura negra e educação. *Revista Brasileira de Educação*. São Paulo, n. 23, p. 75-85, 2003.

LOPES, Ana Lúcia. Currículo, escola e relações ético-raciais. In *Educação, africanidades, Brasil*. Brasília: MEC – SECAD – UnB – CEAD – Faculdade de Educação. 2006, p. 13-31.

MOREIRA, A. F. e SILVA, T. T. da (orgs) *Currículo, cultura e sociedade*. 2.ed. Trad. Maria Aparecida Baptista. São Paulo: Cortez, 1995.

NASCIMENTO, Elisa Larkin. Introdução à história da África. In *Educação Africanidades,* Brasil. Brasília: MEC – SECAD – UnB – CEAD – Faculdade de Educação. 2006, p. 33-51.

NASCIMENTO, Valdecir. Pressupostos Básicos da Formação de Professores no Projeto Escola Plural; A diversidade está na Sala. In *Educação, Africanidades, Brasil*. Brasília: MEC – SECAD – UnB – CEAD – Faculdade de Educação, 2006.

SANTOS, Luiz Carlos dos. A presença negra no Brasil. In *Educação, Africanidades, Brasil*. Brasília: MEC – SECAD – UnB – CEAD – Faculdade de Educação, 2006. p. 146-166.

CAPÍTULO 3

O uso didático-metodológico do livro *Betina* para o trato pedagógico sobre relações étnico-raciais

Maria do Socorro Ribeiro Padinha
Eliene Aguiar Seabra de Brito
Márcya Luzia Rodrigues
Maria Augusta Brito do Nascimento
Roseane Santos Bastos

O referido artigo resultou do Projeto de Intervenção Educacional proposto como Monografia de conclusão do Curso de Especialização *Lato Sensu* em Relações Raciais para o Ensino Fundamental, oferecido pelo Núcleo de Estudos e Pesquisa sobre Formação de Professores e Relações Étnico-Raciais – GERA, vinculado à Universidade Federal do Pará – UFPA.

A publicação deste texto é destinada aos profissionais da educação: professores, técnicos, gestores e pesquisadores. O objetivo do artigo é apresentar uma atividade pedagógica para o nível educacional do

Ensino Fundamental, tal como orienta a Lei nº 10. 639/03[15] e a Lei nº 11.645/08.

No momento em que ocorre a implementação das referidas leis na Educação Básica e a divulgação de documentos referentes à Educação e Relações Étnico-Raciais, é necessário apresentar encaminhamentos ao trato pedagógico dessa temática nas escolas brasileiras. Com a devida finalidade, o Projeto de Intervenção fora formulado para a Escola Municipal de Educação Infantil e Ensino Fundamental "Professor Florestan Fernandes", localizada no bairro do Parque Verde, inserido no Distrito Administrativo do Benguí (DABEN), município de Belém, estado do Pará. A escola existe desde o ano de 1999, atualmente atende 1.022 alunos (as), distribuídos (as) em quatro turnos (manhã, intermediário, tarde e noite), e oferece ensino da Educação Infantil (4 e 5 anos), Ensino Fundamental à Educação de Jovens e Adultos.

A obrigatoriedade da Lei nº 10.639/03 requer um domínio teórico-metodológico que inclua, junto às referências conceituais sobre aprendizagem da criança, as discussões teóricas sobre diversidade cultural e identidade. Tais orientações pedagógicas (COELHO, 2006) são de fundamental importância para que o professor, o coordenador e o gestor possam de modo consubstanciado tratar sobre as relações raciais no Brasil sem correr o risco de reproduzir estereótipos, banalizações ou equívocos no que tange à temática. É importante compreender que, conforme dispõem as *Diretrizes Curriculares para Educação das Relações Raciais* (BRASIL, 2004), a temática deve ser inserida como conhecimento no currículo escolar de toda Educação Básica. Do mesmo modo, a temática não pode ser tratada apenas nas efemérides que compõem o calendário escolar.

---

[15] A referida Lei foi alterada pela Lei 11.645/2008, que no seu artigo insere: 'Art. 26-A. Nos estabelecimentos de ensino fundamental e de ensino médio, públicos e privados, torna-se obrigatório o estudo da história e cultura afro-brasileira e indígena' (BRASIL, 2008).

Em conformidade, com as orientações legais e teóricas, introduzimos discussões pontuais sobre (a) como a criança aprende; (b) como, na escola, a criança constrói sua identidade, e (c) como a construção do conhecimento é permeada pela mediação da representação da criança sobre si e sobre o outro, de modo a estabelecermos proposições pedagógicas coerentes com o nível de ensino e o nível cognitivo dos alunos.

No tocante à aprendizagem, pautamo-nos na abordagem sócio-histórica de Vygotsky (2008) a fim de sustentar o conhecimento acerca do processo de aprendizagem da criança, o qual exige do professor uma competência intelectual na condução do processo metodológico da atividade pedagógica. Façamos uma digressão: esse processo implica a inserção de um aporte teórico adequado, o conhecimento sobre o nível de ensino e público alvo, o domínio didático-metodológico sobre a atividade selecionada e recursos selecionados como filme, livro, iconografia, música, poema, etc. Pois cada um desses recursos exigirá do professor um conhecimento específico e adequado sobre ensino-aprendizagem. Em virtude dessas considerações, sabemos que o tema acerca das relações étnico-raciais envolve conhecimento conceitual sobre racismo, preconceito, discriminação racial, identidade, diferença, em torno dos quais temos uma literatura específica que discute teoricamente tais conceitos (GOMES, 2008; 2002). No entanto, a inserção de qualquer conhecimento científico na escola exige do professor uma competência intelectual que o oriente a desenvolver o ensino na sala de aula e a considerar a realidade educacional com a qual ele trabalha.

O conhecimento acerca do desenvolvimento dos conceitos científicos na infância implica a escolha de métodos eficientes para a instrução das crianças em idade escolar no conhecimento sistemático. Na idade escolar, a criança é inserida em um mundo de significados que estruturalmente por meio de conceitos forma a construção de si e dos outros (VYGOTSKY, 2008). Essa dimensão formativa das crianças deve ser considerada no planejamento pedagógico do trabalho do professor, pois cada etapa desse planejamento deve ser orientada por uma intencionalidade pedagógica. Quais temas poderão ser abordados pelo professor? Quais objetivos pautarão a intencionalidade do professor em inserir determinado conhecimento àquela turma/série? Quais recursos didático-metodológicos são mais adequados ao nível de ensino e ao nível cognitivo dos alunos? Como o professor avaliará seus alunos?

Tais questionamentos pautam-se em uma compreensão analítica que inclua a observância dos processos de aprendizagem da criança, pois inserir a temática sobre relações étnico-raciais na escola não pode ser pautado no improviso de atividades e na inserção de qualquer conhecimento sem considerar o devido trato teórico-metodológico.

Diante dos vários conceitos que permeiam a temática sobre relações étnico-raciais selecionamos para a referida proposta pedagógica o conhecimento sobre identidade. A construção da identidade é um processo flexível, contínuo, e, em cada fase da vida, o meio social exerce sua influência sobre as pessoas, ao mesmo tempo em que é influenciado ou modificado pela ação dos sujeitos. A aceitação ou rejeição das influências sociais e culturais com as quais nos deparamos durante a vida é que permitem a construção ou desconstrução do nosso "eu". Para Erikson (1971) a identidade individual toma o sentido de unicidade e continuidade de um processo localizado no indivíduo, porém influenciado pelo seu meio e sua cultura.

Berger e Luckmann (1985) discorrem que a construção da identidade vai além do senso comum herdado da família, como valores e ética. A escola passa a dar uma nova identidade ao indivíduo, e nessa passagem vai haver um processo de ruptura apresentando um conflito entre o herdado e o aprendido. Nessa perspectiva, admite-se que a socialização se define, antes de tudo, pela imersão dos indivíduos no *mundo vivido*, que é ao mesmo tempo um *universo simbólico cultural* e um *saber sobre esse mundo*.

Entendemos que nas Séries Iniciais do Ensino Fundamental devemos inserir a noção conceitual sobre identidade, a qual pauta-se na compreensão de que, na profundidade da construção da identidade, esta nada mais é do que o "resultado a um só tempo estável e provisório, individual e coletivo, subjetivo e objetivo, biográfico e estrutural, dos diversos processos de socialização que, conjuntamente, constroem os indivíduos e definem as instituições" (DUBAR, 2005, p. 153). Com essa consideração de Claude Durbar (2005) pautamos nossa consideração conceitual sobre identidade e sobre como tal temática é estruturante a despeito da consideração de que o sistema educacional, ao reproduzir as práticas racistas, discriminatórias e preconceituosas, faz com que crianças e jovens negros/as vivenciem situações que os/as deixem vulneráveis às práticas discriminatórias, interferindo no desenvolvimento emocional e cognitivo desses sujeitos (CAVALLEIRO, 2000; GOMES & SILVA, 2002; MUNANGA, 2006). Por essas razões abrangentes que a noção conceitual sobre identidade deve ser inserida nas ações pedagógicas intencionais dos professores, de modo a subverter representações negativas sobre qualquer construção social dos alunos.

Sabemos que no Brasil a escola, como espaço de sociabilidade secundária[16], encontra-se no cerne das disseminações de práticas racistas por ela conter, em seus instrumentos curriculares, lacunas que inviabilizam uma capacidade de aporte teórico-metodológico antirracista para lidar com as questões étnico-raciais na educação (COELHO, 2009, 2001). Assim como no espaço familiar, é na escola que as pessoas constroem seus mundos de significados, valores, regras, sentimentos, autoestima, que as constituem como ser homem, ser mulher, ser negra, ser branco, ser homossexual, ser indígena de uma forma positiva ou de uma forma negativa.

---

[16] Peter L. Berger e Thomas Luckmann (1985) partem de uma sociologia do sujeito, explicam a construção de socialização primária e secundária. A primária construída no espaço familiar, a secundária sendo a interiorização de *submundos* institucionais, por exemplo, a escola. A escola neste sentido entendida como um aparelho legitimador, ou seja, são seus símbolos e rituais que influenciam na construção da subjetividade dos alunos.

A esse respeito, consideramos que a linguagem é um dos veículos centrais para a transmissão dos significados na construção social do sujeito (BERGER; LUCKMANN, 1985), e o uso de um recurso didático como o livro *Betina*, da professora Nilma Lino Gomes (2009), é uma adequada proposta pedagógica para os aspectos identitários dessa construção. O livro com o uso intencionalmente orientado pelo professor suscita um reforço pedagógico da discussão acerca da noção conceitual sobre identidade; ele inclui entre outras questões a biografia da personagem *Betina*, uma menina, que ao longo de seu processo de socialização, constrói referências positivas sobre sua identidade racial. A identificação desse aspecto no livro pauta-se no que consideramos sobre as análises de Dubar (2005), quais sejam: existem dois processos heterogêneos para a construção identitária: o relacional e o biográfico; o processo relacional decorre das transações objetivas, da identidade para o outro, dos atos de atribuição, reconhecimento e não reconhecimento, levando à construção da identidade social virtual. O processo biográfico consiste na construção da identidade para *si*, nos atos de pertencimento, resultando na identidade social *real* das transações objetivas.

PROPOSTA PEDAGÓGICA

Frente a essas considerações, apresentamos as etapas metodológicas de nossa proposta pedagógica a qual inclui primeiramente nosso **objetivo geral**, que considera: utilizar o livro *Betina* como aporte didático-metodológico na discussão conceitual sobre identidade nas Séries Iniciais do Ensino Fundamental. **Especificamente**: (a) Apresentar a noção conceitual sobre identidade; (b) Diferenciar a noção conceitual sobre *identidade* do documento *Carteira de Identidade*; e (c) Exemplificar a construção da identidade por meio do processo biográfico da personagem *Betina*. O **público-alvo** de nossa proposta: Alunos (as) do 5º ano do Ensino Fundamental da Escola Municipal de Educação Infantil e Ensino Fundamental *Professor Florestan Fernandes*.

ATIVIDADE PROGRAMADA

A atividade deverá ser aplicada no período de um bimestre, e ela está dividida em quatro momentos que orientarão a agenda pedagógica dos professores.

1° Momento

Por meio de uma aula expositiva apresentaremos aos alunos a noção conceitual sobre *identidade* baseada em três aspectos estruturantes: conceito de identidade baseado nos processos heterogêneos para a construção identitária: o relacional e o biográfico (DUBAR, 2005); a construção da identidade como um processo flexível e contínuo (ERIKSON, 1971); a construção da identidade passa pela imersão dos indivíduos no *mundo vivido* (BERGER; LUCKMANN, 1985). A etapa introdutória sobre essa noção será de fundamental importância para que os alunos identifiquem na exemplificação por meio da trajetória biográfica da personagem *Betina* esses aspectos estruturantes acerca da identidade.

2° Momento

Por meio de uma aula expositiva dialógica, apresentaremos aos alunos a diferenciação da noção conceitual sobre *identidade,* encetada no 1º momento, do documento *Carteira de Identidade,* para que os alunos conheçam que o termo *identidade* apresenta, dependendo do contexto, uso e aplicabilidade diferenciada nas situações cotidianas. Do mesmo modo, explicaremos aos alunos a relação daquele documento com a noção conceitual do termo.

3° Momento

Por meio de uma aula expositiva dialógica, faremos a exposição aos alunos do livro *Betina.* Primeiramente exporemos a biografia da autora e da ilustradora do livro, estabelecendo relação com os aspectos imagéticos da narração, com destaque ao trato artístico dado aos desenhos. Segundo, faremos uma leitura em conjunto com os alunos da narrativa do livro. Terceiro, solicitaremos aos alunos que identifiquem na narrativa os aspectos conceituais tratados sobre identidade no 1º momento com ênfase à *biografia* (história da personagem) e ao *mundo vivido* (memória, família, valores, regras, escola, amizade), e façam uma exposição oral da identificação. Todas as identificações descritas pelos alunos serão anotadas pelos professores e expostas no quadro magnético.

4º Momento

Por meio de uma aula expositiva, primeiro os professores farão a exposição das identificações realizadas pelos alunos. Segundo, os professores apresentarão aos alunos os momentos que constroem a *biografia* de *Betina*, a qual é demarcada por momentos importantes da infância, adolescência e vida adulta. Sobre o *mundo vivido*, destacaremos valores e regras aprendidos por *Betina* no espaço familiar, na escola e nas relações de amizade. Por fim, faremos a relação dessas marcações textuais com a exemplificação de que *Betina*, ao longo da vida, se viu positivamente diante de sua imagem – como das suas próprias orientações e autodefinições – dependendo dos julgamentos dos outros (avó, escola, amigos) e de como ela se via diante dos outros. Destacaremos a relação dos conceitos abordados com passagens imagéticas e textuais do livro.

5º Momento

Por meio de uma orientação pedagógica solicitaremos aos alunos a produção de um livro intitulado com o nome de cada aluno, tal qual o livro de *Betina*. O livro deverá ser estruturado da seguinte forma: *Narre por meio de inserção de fotos, imagens e da escrita de um texto a História Biográfica de sua vida, na qual inclua sua família, escola e amigos*. Após a produção da atividade cada aluno fará a exposição de seu livro.

Avaliação da aprendizagem dos alunos

Avaliaremos o aspecto conceitual e procedimental da competência dos alunos. *Aspecto conceitual:* identificaremos se no 3º Momento programado os alunos conseguem esboçar oralmente a noção conceitual sobre *identidade* solicitada na exemplificação do livro *Betina*. Caso não consigam nessa atividade, voltaremos à explicação inicial e faremos a exposição da noção conceitual com os aspectos destacados no livro. *Aspecto procedimental:* verificaremos se na construção e exposição do livro que cada aluno produziu houve a aplicabilidade da noção conceitual sobre *identidade* na escolha das imagens e na construção do texto. Após essa verificação, retomaremos a noção conceitual acerca de *identidade*. Utilizaremos como recurso de exemplificação a produção dos alunos, com ênfase aos processos *biográficos* e *mundo vivido* apresentados por cada aluno, para demonstrarmos os aspectos individuais, coletivos e diferenciados na construção do conceito identidade.

REFERÊNCIAS

BRASIL, MINISTÉRIO DA EDUCAÇÃO. *Diretrizes Curriculares Nacionais para a Educação das Relações Étnico-Raciais e para o Ensino de História e Cultura Afro-Brasileira e Africana*. Outubro, 2004.

BRASIL. *Lei 10.639, de 9 de Janeiro de 2003*. Diário Oficial da União de 10 de Janeiro de 2003; Brasília, DF.

BERGER, Peter Ludwig; LUCKMANN, Thomas. *A construção social da realidade.* (Trad. Floriano de Souza Fernandes.) Petrópolis: Vozes, 1985.

BERGER, Peter Ludwig. *O dossel sagrado*: elementos para uma teoria sociológica da religião. São Paulo: Paulus, 1985.

CAVALLEIRO, Eliane. *Do silêncio do lar ao silêncio escolar*: racismo, preconceito e discriminação na educação infantil. São Paulo: Ed. Contexto, 2000.

COELHO, Wilma de Nazaré Baía. *A Cor Ausente*: um estudo sobre a presença do negro na formação de professores – Pará, 1970-1989. 2 ed. Belo Horizonte: 2009.

COELHO, Wilma de Nazaré Baía. A criança negra nos currículos da educação básica. *Presença Pedagógica.* Formação continuada: entraves ou mudanças. v. 7, n. 38, p. 68-73, mar/abr 2001. Belo Horizonte: Dimensão.

DUBAR, C. *A socialização:* construções das identidades sociais e profissionais. São Paulo: Martins Fontes, 2005.

ERIKSON, Erik H. *Infância e sociedade.* Tradução de Gildásio Amado. Rio de Janeiro: Zahar, 1971.

GOMES, Nilma Lino. *Betina.* Belo Horizonte: Mazza Edições, 2009.

_______. A questão racial na escola: desafios colocados pela implementação da Lei nº 10.639/03. In: MOREIRA, Antônio Flávio; CANDAU, Vera Maria (Orgs.). *Multiculturalismo*: diferenças culturais e práticas pedagógicas. Petrópolis: Vozes, 2008. p. 67-89.

_______. Diversidade étnico-racial e Educação no contexto brasileiro: algumas reflexões. In: *Um olhar além das fronteiras*: educação e relações raciais. Belo Horizonte: Autêntica, 2007.

_______. Trajetórias escolares, corpo negro e cabelo crespo: reprodução de estereótipos ou ressignificação cultural? *Revista Brasileira de Educação,* n. 21, p. 40-51, set./dez. 2002.

_______.; SILVA, Petronilha Beatriz Gonçalves. *Experiências étnico-culturais para a formação de professores.* Belo Horizonte: Ed. Autêntica, 2002.

MUNANGA, Kabengele. Construção da identidade negra no contexto da globalização. *In*: DELGADO, Ignácio G. [et al.] (org). *Vozes além da África: tópicos sobre identidade negra, literatura e histórias africanas.* Juiz de Fora: UFJF, 2006.

_______. *O Negro no Brasil de hoje*. São Paulo: Global, 2006.

VYGOTSKY. Lev Semenovitch. *Pensamento e Linguagem*. 4 ed. São Paulo: Martins Fontes. 2008.

CAPÍTULO 4

Narrativas escritas e visuais da cultura afro-brasileira e africana

Carla Estefany de Lima Meireles
Ana Del Tabor V. Magalhães

CONTEXTO

Este Projeto de Intervenção Pedagógica "Narrativas Escritas e Visuais da Cultura Afro-Brasileira e Africana" consiste em ações curriculares a serem desenvolvidas na Escola Municipal de Ensino Fundamental "Augusto Olímpio", situada no Município de Nova Timboteua, Estado do Pará, com 697 alunos matriculados, sendo 525 de 6º a 9º ano e os demais de Educação de Jovens e Adultos[17].

A escola atende as modalidades de Ensino Fundamental e Educação de Jovens e Adultos nos turnos da manhã, tarde e noite. É constituída por

---

17 Localizada na Região Nordeste do Pará, a escola atende aos alunos da zona urbana e rural, onde o acesso à unidade gestora é por meio terrestre. Os dados estatísticos são de 2009.

cinco salas de aula, uma secretaria, uma sala de arquivo, uma copa, um depósito para guardar merenda e dois banheiros. Não há biblioteca, sala de vídeo, quadra esportiva e laboratório de informática, o que limita o trabalho do professor em sala de aula.

Além da diretora, vice-diretora e uma técnica, a escola conta com vinte quatro professores e vinte servidores. A maioria dos professores é graduada e os demais estão em processo de formação.

OBJETIVOS

Desenvolver um processo de reconhecimento e valorização da cultura afro-brasileira e africana por meio de ações pedagógicas junto aos professores e estudantes de 6º e 7º ano; promover um ciclo de palestras sobre as manifestações da cultura afro-brasileira e africana envolvendo os professores de 6º e 7º ano, com base nas determinações da Lei nº 10.639/2003; discutir os conceitos de diferença e diversidade no contexto sociocultural brasileiro de diferentes culturas e etnias; identificar as influências africanas presentes na cultura brasileira e na formação das manifestações culturais do Município de Nova Timboteua; descrever e analisar as manifestações culturais de Nova Timboteua que são influenciadas pela cultura africana; realizar mostras de filmes e leituras de livros que contemplem assuntos relacionados às manifestações da cultura afro-brasileira e africana; e instrumentalizar os alunos para a produção escrita e visual sobre a temática do projeto.

JUSTIFICATIVA

A Lei Federal nº10.639/2003 sancionada pelo Presidente da República, ao estabelecer a obrigatoriedade do ensino sobre História e Cultura Afro-brasileira nos estabelecimentos de ensino públicos e privados de todo o País, foi importante passo como reconhecimento das lutas antirracistas, principalmente dos Movimentos Negros contra as discriminações e preconceitos.

Portanto, a possibilidade para construção de um ensino democrático vem se configurando no cenário nacional com base no respeito e reconhecimento dos movimentos negros, corroborando para ações de aprendizagens significativas na educação escolar.

Por meio da referida Lei podemos não apenas cobrar a obrigatoriedade de conteúdos no currículo escolar, mas colocar em prática assuntos que antes eram relegados a um segundo plano – como a cultura afro-brasileira e africana – nos planejamentos de ensino, não sendo contemplados em sua plenitude.

Assim sendo, com base nos estudos realizados no curso de Especialização em Relações Étnico-Raciais para o Ensino Fundamental na UFPA, este Projeto de Intervenção Pedagógica foi elaborado para ser desenvolvido na Escola Municipal de Ensino Fundamental "Augusto Olímpio", situada no Município de Nova Timboteua, Estado do Pará, no período de abril a novembro de 2011.

Este projeto está voltado para as relações étnico-raciais e visa, sobretudo, a lançar um novo olhar para se pensar em como as relações sociais estão estruturadas no contexto escolar, tendo como referência a diagnose realizada com a comunidade escolar (alunos e professores) para sistematização do referido projeto de intervenção, e as determinações da Lei Federal nº10.639/2003.

Nesse sentido, as reflexões de vários estudiosos sobre a temática em foco são pertinentes para fundamentar a compreensão sobre as situações evidenciadas no resultado da diagnose realizada e propor ações curriculares que possam viabilizar reflexões pontuais para uma escola antirracista.

Sabe-se que a escola é o lugar da diversidade, da diferença. É o lugar, *a priori*, em que o "outro" é visto de maneira hierárquica a partir do ponto de vista analisado no qual as representações que se tem sobre bonito/feio, bom/malvado, superior/inferior, relegam ao negro uma posição subalterna em relação ao não negro.

Para Gomes (2003), a escola é também espaço para se desmistificar mitos, questionar estereótipos e lugares ocupados. Enquanto instituição social responsável pela organização, transmissão e socialização de conhecimento e cultura, revela-se como um dos espaços em que as representações negativas sobre o negro são difundidas. E por isso mesmo ela também é importante local onde estas podem ser superadas.

E as observações apresentadas por Cavalleiro (2000, p.10) nos remetem a situações que precisam de uma atitude mais enérgica por parte dos profissionais da educação, em relação à discriminação existente com as crianças negras no cotidiano escolar, assim manifestadas:

> Essas situações de discriminação, ocorridas na presença de professores sem que eles interferissem, chamaram minha atenção. Os educadores não perceberam os conflitos que se delineava. Talvez por não saberem lidar com tal problema, preferiam o silêncio. Também me questionei sobre a possibilidade desse silêncio decorrer do fato de esses profissionais compactuarem com as idéias preconceituosas, considerando-as corretas e reproduzindo-as em seus cotidianos.

É evidente que não podemos imaginar que a promulgação da Lei Federal nº10.639/2003 por si só resolverá o problema desse silêncio. É preciso efetivá-la, colocá-la em prática, e para isso temos que estudar e pesquisar. Primeiramente procurando entender por que a referida Lei é tão importante. Para isso é preciso questionar: Por que foi preciso uma lei para trabalharmos essas temáticas? Isso não teria que ser natural em um país com 45% de descendentes de africanos? Entender essas questões é fundamental para que essa temática não seja trabalhada de qualquer maneira.

Temos que pensar qual África queremos passar para nossos alunos. Uma África destituída de preconceito e estereótipos. Afinal, ela é muito mais do que miséria, fome, HIV, animais e "Tarzan". Nesse sentido, temos que nos (re) educar, refletir sobre nossos preconceitos, sobre nossas experiências e, sobretudo, sobre a prática docente em sala de aula.

A história da África é vista por meio de lentes culturais eurocêntricas que não conseguem perceber a importância desse Continente para história da humanidade, assim compreende Gomes (2003; 2006). Assim, é nessa perspectiva eurocêntrica que os materiais didáticos são produzidos valorizando os códigos da cultura branca como modelo ideal de religião, arte, cultura e linguagem, não havendo outras formas para serem discutidos em sala de aula.

O papel do professor é importantíssimo para problematizar como o preconceito e a discriminação são construções históricas, culturais e sociais que são produzidos e reproduzidos ao longo da humanidade. Mas não basta apenas tolerar a diferença e a diversidade, é necessário mostrar para os alunos como as construções negativas sobre o negro são construídas por meio de estereótipos e discriminações, para, somente assim, desconstruir conceitos, ideologias e mitos, conforme observa Antonio Sant Anna:

> "O professor, figura importantíssima na educação do aluno, lamentavelmente, não percebeu ainda a presença destes estereótipos e preconceitos, bem como, o importantíssimo papel que exerce como o grande mediador no processo ideológico, reforçando a transmissão destes estereótipos e preconceitos." (SANT ANNA, 2005, p. 21).

Pensar a escola a partir da diferença é relevante porque nos mostra como o preconceito e a discriminação se inserem dentro da sociedade. E não é partindo da tolerância e respeito para com a diversidade e diferença que conseguiremos entender como esse processo é imposto. O professor tem que intervir nas práticas discriminatórias, tentar desconstruir a ideia que foi internalizada por crianças e jovens.

Nessa perspectiva o projeto de intervenção intitulado "Narrativas Escritas e Visuais da Cultura Afro-Brasileira e Africana" vem ao encontro dos marcos legais no processo de democratização dos saberes culturais, ao propor para Escola Municipal de Ensino Fundamental "Augusto Olímpio" ações curriculares que irão instigar a capacidade crítica dos envolvidos sobre as relações raciais em sociedades estratificadas.

PÚBLICO-ALVO

O Projeto em questão será desenvolvido junto aos professores e alunos de 6º e 7º ano da Escola Municipal de Ensino Fundamental "Augusto Olímpio", situada no Município de Nova Timboteua, Estado do Pará.

ATIVIDADES

O Projeto de intervenção a ser executado em parceria com os professores envolvidos de 6º e 7º ano se organiza em torno das seguintes atividades:

Atividade 1: Ciclo de Palestras

A proposta do Projeto a ser desenvolvido na Escola será apresentada aos professores e técnicos envolvidos por meio de palestras com o aval da direção. Terá como eixo a apresentação da temática "A cultura afro-brasileira e africana" e será abordado o marco regulatório de sua inserção no currículo escolar seguindo as orientações da Lei nº 10.639/03, que estabelece a obrigatoriedade do ensino sobre História e Cultura Afro-brasileira nos estabelecimentos de ensino públicos e privados de todo o País.

Atividade 2: Discutindo a Diferença e Diversidade na Escola

Esta atividade objetiva discutir os conceitos de diferença e diversidade no contexto sociocultural e sua relação em sociedades de diferentes culturas e etnias com os professores e alunos envolvidos. Com os professores, serão solicitadas as seguintes situações didáticas: após a leitura da obra "Felicidade não tem Cor" de Júlio Braz (2002), haverá um debate com os professores visando identificar as situações vivenciadas em sala de aula semelhantes às abordadas pelo autor.

Para os alunos, serão realizadas as seguintes situações didáticas: em grupo de quatro alunos, será solicitado manifestarem a compreensão sobre os conceitos de diferença e diversidade; em seguida será realizada a consulta em dicionário sobre os temas; após a apresentação das respostas haverá reflexões sobre os conceitos apresentados; com base na obra "Felicidade não tem cor" e apresentação do conteúdo da obra para os alunos, eles serão questionados sobre os vários aspectos abordados pelo autor e sua relação com o cotidiano escolar. Como culminância da atividade o professor solicitará textos escritos e visuais sobre o tema para elaboração de um jornal.

Atividade 3: Conhecendo as Manifestações Artísticas e Culturais de Nova Timboteua

Esta atividade objetiva identificar e valorizar as manifestações culturais presentes na cultura brasileira em especial no Município de Nova Timboteua. Para tanto será solicitado aos alunos que pesquisem as danças, músicas, artesanatos, culinárias, religiões, literatura popular e artistas locais que são influenciados pela cultura africana em suas produções artísticas. Os grupos formados por quatro alunos deverão descrever cada manifestação pesquisada e apresentá-las em sala de aula para análise das influências culturais africanas. A atividade será finalizada com a produção de um caderno de textos e imagens (portifólio) com as informações sistematizadas pelos grupos com o intuito de refletir sobre a importância da influência africana na construção das manifestações artísticas brasileiras.

Após as reflexões sobre a influência africana na formação da cultura brasileira haverá apresentação de grupos artísticos locais convidados para o debate em sala de aula.

Atividade 4: Imagens e leituras da cultura africana

Após identificar as influências africanas presentes na cultura brasileira e na formação das manifestações culturais do Município de Nova Timboteua, serão apresentados aos alunos livros e filmes que apresentam a cultura africana e sua influência na cultura brasileira, visando a estimular a autoestima positiva das crianças afrodescendentes com narrativas escritas e visuais que contemplem a religião, o artesanato, a indumentária, a culinária, a dança, a música e as artes visuais.

Para esta atividade serão apresentadas inicialmente as imagens da história de *Kofi e o Menino de Fogo* para que os alunos com base nas imagens verbalizem o que viram. Em seguida, serão apresentadas as duas versões da história: a dos alunos por meio das imagens e a história do livro com o propósito de reconhecer as influências da cultura africana na cultura brasileira.

Atividade 5: Exposição "Múltiplos Olhares sobre a Cultura Africana"

Objetivando instrumentalizar os alunos para a produção escrita e visual sobre a temática do projeto e apresentar à comunidade escolar os resultados das ações desenvolvidas ao longo do ano, o Projeto de Intervenção terá como culminância uma exposição denominada "Múltiplos Olhares sobre a Cultura Africana".

Para seleção dos trabalhos cada turma envolvida terá um aluno representante assim como os professores envolvidos de cada série serão responsáveis para selecionar os trabalhos produzidos pelos alunos.

A previsão da exposição será no segundo semestre de 2011 e deverá ser agendada como parte da programação cultural da escola.

Como parte da atividade serão exibidos filmes que abordarão a temática para toda a comunidade escolar visando ampliar o debate sobre o assunto em foco.

AVALIAÇÃO

A avaliação do impacto do projeto na escola será por meio da exposição de toda a produção dos alunos. Serão avaliados os percursos de cada ação proposta para que se tenha uma dimensão acerca dos objetivos alcançados.

O processo de avaliação da aprendizagem será realizado de forma contínua com anotações pertinentes às tarefas propostas e à relação teoria/prática, observando o domínio de conteúdo da temática, a fluência escrita e verbal e as produções gráfico-plásticas.

Será instigada a compreensão sobre a influência da cultura africana na construção dos códigos culturais brasileiros visando a nortear todas as práticas educativas no espaço escolar.

REFERÊNCIAS

BRASIL, *Lei nº. 10.639,* de 9 de Janeiro de 2003. Diário Oficial da União de 10 de Janeiro de 2003.

CAVALLEIRO, Eliane dos Santos. *Do silêncio do lar ao silêncio escolar*: racismo, preconceito e discriminação na educação infantil. São Paulo: Contexto, 2000.

GOMES, Nilma Lino. *Sem perder a raiz*: corpo e cabelo como símbolos da identidade negra. Belo Horizonte: Autêntica, 2006.

_______. Cultura negra e educação. *Revista Brasileira de Educação*. São Paulo, n. 23, p. 75-85, 2003.

LOPES, Nei. *Kofi e o menino de fogo*. Rio de Janeiro: Pallas, 2008.

SANT'ANA, Antonio Olímpio. História e conceito básico sobre racismo e seus derivados, p. 51. In: MUNANGA, Kabengele. *Superando o racismo na escola*. Brasília: Ministério da Educação. Secretaria de Educação Continuada, Alfabetização e Diversidade, 2005. p. 39-67.

CAPÍTULO 5

Os tambores negros do Carimbó na sala de aula

Cristiano Pinto da Silva
Fernanda Jaime Andrade

> "É lá, a maior ilha do nosso Pará, a Ilha do Marajó tem grande povoação aonde nasceu o Carimbó no tempo da escravidão". (Trecho de "Ilha do Marajó" de Mestre Verequete)

CONTEXTO

Este projeto de intervenção foi pensado durante o Curso de Especialização *Lato Sensu* em Relações Raciais para o Ensino Fundamental, oferecido pelo Instituto de Educação (ICED) por intermédio do Núcleo de Estudos e Pesquisa sobre Formação de Professores e Relações Étnico-Raciais (GERA). A experiência *Os tambores negros do Carimbó na sala de Aula* foi desenvolvida para a Escola Estadual de Ensino Fundamental e Médio Padre Sales, localizada na cidade de Capanema (PA).

A escola é uma das maiores instituições educacionais do Município e sua localização facilita o acesso dos alunos, porque uma das ruas principais da cidade transversa o colégio, podendo os alunos da zona rural chegarem até ela sem grandes dificuldades. As principais áreas do conhecimento envolvidas na experiência foram: História, Geografia, Língua Portuguesa, Educação Artística e Educação Física.

OBJETIVOS

O projeto objetiva fomentar por intermédio do Carimbó a positivação da herança africana e indígena na cultura paraense, trabalhar a inserção do Carimbó no currículo escolar, focando a temática étnico-racial por meio de trabalho interdisciplinar; valorizar a identidade afro-brasileira na comunidade escolar. Analisar e discutir propostas pedagógicas para o trato das relações étnico-raciais na escola, reconhecer a relevância da cultura afro-brasileira e indígena observadas na musicalidade do Carimbó, um forte e tradicional representante da identidade cultural paraense que manifesta claramente as relações étnicas da região dada a miscigenação cultural do gênero musical.

Ambiciona-se com o projeto esclarecer a história dos povos negros vindos para o Brasil, assim como suas lutas, resistências e movimentos sociais por meio do estudo do Carimbó. Pretende-se ainda desmistificar a ideia pejorativa em relação à música africana frequentemente relacionada a uma cultura menor. Por meio disso, identificar o preconceito e a discriminação racial reproduzidos na escola. Buscar desenvolver no ambiente escolar a superação de concepções e atitudes racistas, preconceituosas e discriminatórias em relação aos afrodescendentes e indígenas; proporcionar aos alunos através da arte a participação em manifestações da cultura paraense como o aprendizado da dança do Carimbó; o aprendizado de música por meio de oficinas de percussão; incentivar a participação de toda a comunidade escolar para que todos se sintam partícipes no projeto.

Conscientizar a comunidade acerca da relevância da construção de uma identidade negra positiva na escola e incentivar nos alunos o desenvolvimento da sensibilidade criativa necessária para a atividade artística.

JUSTIFICATIVA

A necessidade de desenvolver este projeto, principalmente com enfoque na identidade racial, se dá pelo fato de o assunto ainda ser tratado de forma escassa na educação. Em tempos em que os debates e a movimentação em torno de políticas públicas de inclusão ganham proporção, é inegável que a exclusão educacional e ocupacional de considerável parcela da população brasileira continue presente, e convivendo com um sistema de ensino em que a cultura escolar reproduz sob diversos aspectos o racismo e a subjugação de grupos sociais em condição de inferiorização, como podemos constatar em Bourdieu e Passeron (1975).

A existência da discriminação no ambiente escolar é frequentemente negada, porém, é sistematicamente reproduzida de forma sutil por meio de várias representações existentes na cultura educacional. Podemos verificar nas obras de Da Silva (2003) e Coelho (2009) que a legitimação e a reiteração da condição de subalternidade são continuamente reforçadas, através da linguagem, dos livros didáticos e da negação identitária das crianças negras desde a mais tenra idade.

Segundo Munanga (2005, p. 17), "cremos que a educação é capaz de oferecer tanto aos jovens como aos adultos a possibilidade de desconstruir os mitos de superioridade e inferioridade entre grupos humanos introjetados pela cultura racista".

A Pedagogia estaria, portanto, na intervenção capaz de ser alcançada a partir do momento em que o homem se vê como parte do mundo, nele se identifica, com ele interage, passando a perceber os instrumentos de dominação que o oprimem e, daí, a possibilidade da busca da transgressão das situações desfavoráveis impostas a ele e a seus semelhantes; essa intervenção deve ser feita pelos educadores e assumida como postura política indispensável, independente da "raça" de quem a assume.

Com aporte na Lei nº 10.639, de 9 de janeiro de 2003[18], decidimos elaborar o projeto e implementá-lo na escola. Essa Lei modificou a Lei de Diretrizes e Bases da Educação Nacional (LDB 9.394/96), e torna obrigatório o ensino de História e Cultura Africana e Afro-brasileira no currículo da Educação Básica e foi regulamentada pelo parecer do Conselho Nacional de Educação CNE/CP 003/2004, estabelecendo as Diretrizes Curriculares Nacionais para a Educação das Relações Étnico-raciais e posteriormente o lançamento do Plano Nacional de Implementação das Diretrizes Curriculares Nacionais para a Educação das Relações Étnico-Raciais e Para o Ensino de História e Cultura Afro-brasileira e Africana em maio de 2009.

Todas essas medidas legais têm por objetivo atender as reivindicações do movimento negro, a partir da necessidade de políticas de ações afirmativas, isto é, da busca por reparação, e de valorização da história, da cultura e do reconhecimento da identidade negra positiva na área da educação. Esse processo de reconhecimento busca, portanto, reverter uma situação de desprivilégio educacional e social da população negra brasileira.

Arthur Schopenhauer (2000) defendia que a música era um bálsamo para aliviar a miséria humana. Imperfeita, por se expressar em números contraditórios e confusos. Ainda assim a música, tida por ele como fonte de superação da dor e do sofrimento, assume um papel emancipador. Mesmo que essa emancipação seja transitória e efêmera.

Os aspectos cosmopolitas e catárticos contidos na epistemologia schopenhauriana embora focados para a Filosofia, Arte e História de sua

---

[18] Atualmente está em vigor a Lei nº 11.645, de Março de 2008, que altera a Lei nº. 9.394, de 20 de dezembro de 1996, modificada pela Lei nº 10.639, de 9 de janeiro de 2003, que estabelece as diretrizes e bases da educação nacional, para incluir no currículo oficial da rede de ensino a obrigatoriedade da temática "História e Cultura Afro-brasileira e Indígena".

época, podem, amiúde, se aplicar para uma forma estética para além do espírito de seu tempo. Pode-se mesmo afirmar que tais temas recorrentes em suas obras sejam relacionados ao Carimbó. Sendo vertente musical regional, está relacionado com gêneros e heranças culturais de vários lugares: africanas, ibéricas, indígenas. Oriundo de terreiros de cultos africanos e afro-brasileiros foi perseguido por ter uma dança tida como sensual e menosprezada pelas classes abastadas.

A dança surgiu como uma das expressões de resistência por parte dos elementos subalternos da sociedade paraense, assim como a capoeira. Ambas expressões de resistência proibidas pelo código de posturas do município de Belém à época republicana[19].

A música no Carimbó desempenha um papel catártico no sentido de tornar-se um potente auxiliador na busca de superação do estado de exclusão que as populações ribeirinhas e periféricas sofreram e sofrem ao longo do tempo. Sua proximidade com ritmos africanos custou-lhe proibições, censura e privações.

A respeito da influência africana Vicente Salles (2004) afirma ser o Lundum a mais antiga representação cultural negra na Amazônia. Segundo Ramos *apud* Salles (2004. P, 200), "[...] o, Lundum é o resultado da influência dos negros Bantos (provavelmente Angolas, Congos ou Cabidas, Benguelas ou Minas) irradiados do Maranhão para o litoral do Pará". De acordo com o autor, o Lundum sofreu desdobramentos em várias cidades do Pará, misturando-se a outras variações rítmicas e coreográficas parecidas, como é o caso do Carimbó.

De acordo com o autor supracitado, o processo de criação observado em manifestações culturais negras se dá por meio de duas fases:

---

[19] Ver LEAL, Luiz Augusto Pinheiro. *A Política da Capoeiragem: história social da capoeira e do boi-bumbá no Pará republicano* (1888-1906). Edufba: Salvador. 2008, p.153.

invenção individual e transformação coletiva[20], o que ocorre a qualquer música popular. De tal modo,

> O canto novo, de criação individual, é logo modificado pelo grupo e incorporado ao patrimônio coletivo. Assim, se cria nos morros do Rio de Janeiro o samba de "partido alto"; nas rodas de capoeira da Bahia as "chulas"; nos terreiros das fazendas do vale do Paraíba os "jongos"; no litoral do Nordeste "cocos" e "emboladas"; no interior do Pará "carimbós" e "síriás"[21].

Sendo uma representação coletiva, o gênero musical Carimbó assumiu as vozes africanas e afro-brasileiras - sem esquecer as indígenas e ibéricas já ditas – marcando suas paixões, aflições, desejos e resistências. A influência negra no Carimbó pode ser vista também no uso dos instrumentos de percussão – caxixi, curimbó, ganzá[22], além da dança e do canto signos da tradição oral africana.

O uso do tambor como expressão da comunicação da cultura negra é geralmente associado ao candomblé e por tudo isso marginalizado por culturas não africanas. Tanto é que ao ouvir o som dos tambores é comum comentar "Isto é macumba?", subestimando tradições africanas.

Para tanto, o projeto foi elaborado para desmistificar essa ideia pejorativa do negro, pois sendo a música "linguagem de sentimento e da paixão" [23], expressa uma vontade coletiva, portanto, o Carimbó, fruto da

---

[20] SALLES, Vicente. *A modinha no Grão-Pará: estudos sobre ambientação e (re) criação da modinha no Grão-Pará*. Belém: Secult/AATP. 2005, p. 30-31.

[21] Ibdem,p.31.

[22] SALLES, Vicente. *Vocabulário Crioulo: contribuição do negro ao falar regional amazônico*. Belém: IAP, Programa raízes, 2003, p.20-21.

[23] SCHOPENHAUER, Arthur. *A decifração do enigma do mundo*. Moderna: São Paulo. 1997. Col. Logos, p.114.

transformação popular, servirá como instrumento de valorização da História e cultura africana e afro-brasileira no ambiente escolar.

Neves; Damiani (2006), mencionam análise de Vygotsky na qual o indivíduo desenvolve suas habilidades cognitivas e de pensamento de acordo com sua história social e a cultura em que está inserido. Dessa forma, sendo a escola o ambiente no qual a criança passa boa parte de sua vida, dar condições a esse desenvolvimento é uma das tarefas primeiras da educação.

O homem, para Vygotsky[24], é capaz de transformar e ser transformado em suas relações de uma maneira dialética com os meios social, cultural e ambiental. Portanto, o desenvolvimento humano não ocorre de forma isolada, mas sim a partir da reciprocidade entre o indivíduo e o meio. Não por isso as diferenças entre indivíduos os tornem mais ou menos capazes em relação ao outro, a diferença não é definitiva para a aprendizagem. É nesse viés que ocorre a interiorização, ou seja, as trocas sociais e culturais agirão com as informações adquiridas contribuindo com o desenvolvimento mental.

Como afirma Coelho[25], na escola formamos parte de nossa personalidade e identidade e é de responsabilidade da instituição tratar de temas como preconceito, discriminação e inclusão. Afirma ainda que a Lei nº 10.639/2003 é uma das conquistas dos grupos que lutam há tempos em favor das populações negras, apresentando-se como um "avanço da consciência democrática e das demandas por uma sociedade mais justa". [26] Porém, sem direcionamento necessário para a preparação dos professores, como cursos, palestras, encontros para discutir e pensar a elaboração de

---

[24] Ibid.

[25] COELHO, Wilma de Nazaré Baía. Igualdade e diferença na escola: um desafio à formação de professores. *Cronos*: Revista do programa de Pós-Graduação em Ciências Sociais da UFRN. Natal v.7, n.2, jul./dez. 2006.

[26] Ibid, p.307.

materiais didáticos sobre a questão étnico-racial, a referida lei pode ser só mais uma entre tantas que não são respeitadas e cumpridas.

Nesse sentido, Diniz e Vasconcelos (2004, p.9) propõem lidar com o problema da diferença falando sobre ele, pois segundo elas "ninguém avança na busca de solução para algo problemático sem passar por uma rica e ampla exploração".

Sendo assim, cabe aos educadores colocar em prática o pensamento de que a educação deve estar pautada na possibilidade de construção de uma sociedade capaz de assegurar os direitos sociais, políticos, econômicos e culturais a todos os brasileiros sem distinção de raça, sexo ou religião. Por isso, é importante promover mudanças em direção a uma escola capaz de respeitar a contribuição de cada grupo étnico para a formação de uma sociedade cidadã.

Para isso, um ponto fundamental a ser praticado na escola é a inserção do aluno como sujeito de sua história. De acordo com Cainelli e Schmidt (2004), um dos objetivos do ensino de História é compreender a realidade social por meio da história inserindo o aluno como sujeito atuante do processo, desmitificando assim a historiografia dos grandes heróis.

Para tanto, o conteúdo desenvolvido em sala precisa dialogar com o cotidiano e experiências dos alunos, construindo dessa forma um ambiente de compartilhamento de saberes, posto que "o processo ensino-aprendizagem é uma reconstrução de conhecimento, e não mera justaposição deles" [27]

PÚBLICO-ALVO

O projeto contemplará aproximadamente 70 alunos do 8º ano do Ensino Fundamental, com idade entre 12 a 17 anos. Partimos do pressuposto

[27] Ibid, p. 50

de que os referidos alunos permanecerão na escola nos anos seguintes, favorecendo o acompanhamento e a avaliação do trabalho.

DESENVOLVIMENTO DAS ATIVIDADES

Atividade 1: Apresentação do projeto à comunidade escolar e organização dos trabalhos

Neste momento o projeto será apresentado aos sujeitos que compõem a escola, tais como: professores, alunos, equipe gestora, pais de alunos, equipe administrativa. Também será montado um cronograma das atividades, junto à equipe pedagógica, a fim de exercê-las sem o prejuízo dos trabalhos estipulados pelo currículo escolar. É importante a participação desses grupos, pois o projeto foi pensado para todos os agentes da escola. A periodização se dará durante o primeiro mês.

Atividade 2: Estudo sobre a História do continente africano

Esta atividade também será destinada aos sujeitos que fazem parte da escola. O objetivo é identificar o continente africano explicitando sua Geografia e História. Posteriormente, apontar a chegada do africano ao Brasil e explicitar sua adaptação aos novos costumes. Para isso, serão utilizados como materiais didáticos os DVD's que compõem o projeto *A cor da cultura*, oferecido pelo Ministério da Educação (MEC). Pretende-se realizar a atividade no segundo mês. Os alunos confeccionarão um mural apresentando as influências africanas no cotidiano deles.

Atividade 3: Palestra sobre as etnias africanas e identidade negra

Será convidado um estudioso do tema a fim de desfazer a ideia de uma única África. Toda a comunidade escolar será convidada participar. Pretende-se realizar a palestra no terceiro mês, em duas aulas de 50 minutos cada uma.

Atividade 4: Palestra sobre a música e a dança como comunicação de povos africanos

Propõe-se a utilização de vídeos e músicas de três povos africanos, a serem escolhidos, para mostrar que a tradição oral na África também é transmitida pela música e dança. A atividade acontecerá no quarto mês, em duas aulas de 50 minutos cada uma.

Atividade 5: Estudo sobre o Carimbó

Aqui os alunos conhecerão a história do ritmo no estado do Pará, objetivando a identificação das culturas africanas, indígenas e ibéricas. Isso ocorrerá em três aulas de 50 minutos cada uma. Nesta atividade serão utilizados os documentários *Chama Verequete* e *Toque de Mestre,* textos e músicas de Carimbó. O aluno, ao final, fará uma pesquisa escrita sobre os Mestres de Carimbó da região do salgado, onde se localiza o município de Capanema.

Atividade 6: Palestra sobre a importância da música no aprendizado

O projeto prevê a realização da palestra no quinto mês, durante duas aulas, de 50 minutos. Será convidado um estudioso do tema e também um mestre de Carimbó da região.

Atividade 7: Oficina de percussão

Nesta atividade o aluno terá contato com os instrumentos de origem africana utilizados no Carimbó, sob a responsabilidade de um músico, a fim de proporcionar ao aluno o aprendizado da prática da percussão. A atividade será realizada durante o quinto mês de realização do projeto.

Atividade 8: Oficina de dança

Os alunos terão a oportunidade de aprender a dançar Carimbó com professores de arte e com dançarinos e dançarinas profissionais e que atuam nos grupos Parafolclóricos da Cidade de Capanema. A atividade durará um mês, durante o sexto mês.

Atividade 9: Elaboração de letras de Carimbó a partir da temática racial.

Aqui o aluno deverá escrever uma letra de Carimbó – sob orientação dos professores de Língua Portuguesa e Artes - que se refira à temática racial. A duração será de duas aulas de 50 minutos.

Atividade 10: Culminância do projeto

Por fim, o aluno apresentará seu trabalho – a dança que aprendeu e a letra de Carimbó – numa apresentação musical aberta à comunidade escolar ao lado do grupo de Carimbó da cidade.

AVALIAÇÃO

A avaliação do projeto se dará por meio de relatórios e reuniões com os professores participantes sobre cada etapa do projeto. A avaliação do aluno acontecerá por meio de debates, relatos de experiência, redações sobre o Carimbó e a contribuição do negro e do indígena para a formação da sociedade brasileira, bem como pela observação da participação dos alunos em todas as atividades.

REFERÊNCIAS

BRASIL. Ministério da Educação, Secretaria de Educação Continuada, Alfabetização e Diversidade. *Educação anti-racista*: caminhos abertos pela Lei Federal nº 10.639/03. Brasília, 2005.

_______. *História e Geografia, ciências humanas e suas tecnologias: livro do professor (ensino fundamental e médio)*. Brasília. MEC/INEP, 2002.

______. *Plano Nacional de Implementação das Diretrizes Curriculares Nacionais para a Educação das Relações Étnico-Raciais e para o Ensino de História e Cultura Afro-brasileira e Africana*. Brasília. MEC/SECAD, 2009.

BOURDIEU, Pierre; PASSERON, Jean Claude. *A reprodução*: elementos para uma teoria do sistema de ensino. Rio de Janeiro: Francisco Alves, 1975.

CAINELLI, Marlene; SCHMIDT, Maria Auxiliadora. *Ensinar história*. São Paulo: Scipione, 2004, p. 49-81.

CARNEIRO, Moacir Alves. *LDB Fácil*: leitura crítico-compreensiva artigo a artigo. 14. ed. Petrópolis: Vozes, 2007.

CASCUDO, Luís da Câmara. *Dicionário do Folclore Brasileiro*. 3. ed. Brasília: Instituto Nacional do Livro, 1972.

COELHO, W de N. *A cor ausente*: um estudo sobre a presença do negro na formação de professores. Pará, 1970-1989. 2ª ed. Belo Horizonte: Mazza Edições, 2009.

______. Igualdade e diferença na escola: um desafio à formação de professores. *Cronos*: Revista do Programa de Pós-Graduação em Ciências Sociais da UFRN, Natal v. 7, n. 2, p. 307, jul./dez. 2006.

DA SILVA, Luiz Fernando Martins. Ação afirmativa e cotas para afro-descendentes: algumas considerações sócio-jurídicas In: SANTOS, Renato Emerson dos; LOBATO, Fátima (orgs). *Ações afirmativas*: políticas públicas contra desigualdades raciais. Rio de Janeiro:0 DP& A, 2003. p. 59-73.

DEL PRIORE, Mary. *Festas e utopias no Brasil Colonial*. São Paulo: Brasiliense, 1994.

DINIZ, Margareth; VASCONCELOS, Renata Nunes (orgs.). *Pluralidade cultural e inclusão na formação de professoras e professores:* gênero, sexualidade, raça, educação especial, educação indígena, educação de jovens e adultos. Belo Horizonte: Formato, 2004.

FURTADO, Lourdes G. *O Carimbó, uma dança da região do salgado*, Estado do Pará. TDI-Teoria, Debate, Informação. MPEG, 1985.

GEERTZ, Clifford. *A interpretação das culturas*. Rio de Janeiro: LTC - Livros Técnicos e Científicos Editora, 1989.

LEAL, Luiz Augusto Pinheiro. *A Política da Capoeiragem:* história social da capoeira e do boi-bumbá no Pará republicano (1888-1906). Edufba: Salvador. 2008.

LÉVI-STRAUSS, Claude. *As estruturas elementares do parentesco*. Petrópolis: Vozes, 1982.

LOUREIRO, João de Jesus Paes. *Cultura Amazônica, uma poética do imaginário.* Belém: Cejup, 1995.

MACIEL, Antônio Francisco. *Carimbó, um canto caboclo*. Campinas: PUC-CAMP, 1983 (Dissertação de Mestrado).

MAUÉS, Raymundo Heraldo. *Padres, Pajés, Santos e Festas. Catolicismo popular e controle eclesiástico*. Belém: Cejup, 1995.

MUNANGA, Kabengele. (org). *Superando o racismo na escola.* 2. ed. Brasília: Ministério da Educação, Secretaria de Educação Continuada, Alfabetização e Diversidade, 2005.

NEVES, Rita de Araújo; DAMIANI, Magda Floriana. Vygotsky e as teorias de aprendizagem. *UNIrevista,* v. 1, n. 2, p. 6, abr. 2006.

ORTIZ, Renato. *Cultura brasileira e identidade nacional.* 5. ed. São Paulo: Brasiliense, 1994.

SALLES, Vicente. *A modinha no Grão-Pará: estudos sobre ambientação e (re)criação da modinha no Grão-Pará.* Belém: Secult/IAP/AATP. 2005.

_______. Carimbó: trabalho e lazer do caboclo. *Revista Brasileira de Folclore.* Rio de Janeiro, v. 9, n. 25, set/dez, 1969. p. 257-282.

_______. *O Negro na Formação da Sociedade Paraense.* Belém: Paka-Tatu, 2004.

_______. *Vocabulário crioulo: contribuição do negro ao falar regional amazônico.* Belém: IAP, Programa Raízes, 2003.

SCHOPENHAUER, Arthur. *A decifração do enigma do mundo*. Moderna: São Paulo. 1997. Col. Logos.

_______. *O mundo como vontade e Representação* – III pt.Trad. Wolfgang Leo Maar e Maria Lúcia Mello e Oliveira Cacciola. São Paulo: Nova Cultural, 2000. (Os Pensadores).

CAPÍTULO 6

Afrodescendentes em imagens e palavras

Suzi Holanda Beserra dos Prazeres
Nicelma J. Brito Soares

CONTEXTO

O Projeto de Intervenção "Afrodescendentes em Imagens e Palavras" será aplicado na Escola Estadual Inglês de Souza, localizada na Ilha de Mosqueiro, distrito de Belém do Pará, distante a 60,5 Km da capital. A escola está situada às proximidades de um centro comercial que oferta alguns serviços básicos como bancos, panificadora, farmácias, mercado, lojas, feira, etc. Entretanto, o maior movimento comercial ocorre nos períodos de carnaval, feriados, finais de ano e férias escolares.

O acesso à ilha é realizado por via terrestre, pelas rodovias BR 316 e PA-391. Mosqueiro é o principal balneário de Belém e situa-se na costa oriental do Rio Pará, no braço sul do Rio Amazonas, em frente à Baía de Santo Antônio, ligada à capital pela ponte Sebastião R. Oliveira.

Segundo dados do IBGE (Censo/2010), o distrito apresenta aproximadamente 50 mil habitantes. A comunidade é formada por funcionários públicos, comerciários, aposentados, pescadores e desempregados.

A Escola Inglês de Souza é a instituição mais antiga da Ilha de Mosqueiro. Apesar de sua importância histórica para a ilha, ela possui uma estrutura pequena para o aumento da clientela escolar ocorrido durante os últimos anos. Nela há uma sala para diretoria, uma sala para secretaria, uma sala de arquivo e uma sala para guardar os livros didáticos e apenas um banheiro para todos os funcionários, caracterizando-se como um espaço reduzido para os funcionários. A escola comporta apenas sete salas de aula, uma copa e uma quadra de esportes que precisam de reforma, além da necessidade de construção de uma sala de professores, uma biblioteca e um laboratório de informática.

Apesar de carecer de ampliação e reforma na estrutura física, a escola é bem iluminada e arejada e com disponibilidade de equipamentos que atendem a demanda no que se refere a equipamentos como aparelho de CD e DVD, televisor, aparelho de som, mimeógrafo, computadores e ventiladores suficientes em todas as salas. A escola recebeu computadores novos para auxiliar alunos em suas pesquisas, porém em decorrência da falta de estrutura adequada ainda não foi possível disponibilizar esses computadores para acesso da comunidade escolar.

Funciona na escola um Conselho Escolar, com a participação de todos no que tange aos recursos recebidos pela escola, que são compostos de verbas estaduais e federais como o Fundo Rotativo (semestral) – destinado a pequenas despesas e serviços da escola e administrado pela gestora escolar – e o Programa de Dinheiro Direto na Escola (PDDE) – destinado a pequenos reparos, compra de material pedagógico, de consumo e de material permanente, além do Fundo Nacional de Desenvolvimento da Educação (FNDE) para implementação do programa Mais Educação.

OBJETIVOS

O Projeto pauta-se no objetivo geral de fomentar a identificação dos descendentes africanos mediante imagens positivas. Tal objetivo ampara-se nos seguintes objetivos específicos: utilizar a imagem como recurso para positivação do segmento racial negro; comparar modos de vida da época da colonização com os dias atuais por meio de imagens; e valorizar as diversas culturas presentes na constituição da população brasileira.

JUSTIFICATIVA

A implementação da Lei nº 10.639/2003 constitui um indicativo da necessidade de repensar o trato com a questão étnico-racial no âmbito das instituições escolares. A iniciativa legal representa um avanço no que tange à possibilidade de uma experiência escolar que contemple favoravelmente os alunos negros em nossa sociedade.

Considerar que o ser humano é o resultado da interação estabelecida com o meio em que este vive (VYGOTSKY, 1979) possibilita compreender que para potencializar o desenvolvimento de uma criança é preciso, dentre outros aspectos, oferecer a esta a possibilidade de estabelecimento de relações saudáveis nos ambientes nos quais convive. Saudáveis no sentido de oportunizar o reconhecimento positivo de sua identidade, de seu pertencimento racial, de sua cultura.

A importância da interação com o meio é evidenciada por Vygotsky (1979) ao discorrer sobre o processo de desenvolvimento humano. Nessa interação, a linguagem assume o papel de elo mediador das interações e contribui para a construção de identidades, de visões de mundo e do Outro.

> ... as identidades sociais são construídas no discurso. Portanto, as identidades sociais não estão nos indivíduos, mas emergem na interação entre os indivíduos agindo em práticas discursivas particulares. Também fica claro, aqui, que

> o mundo social e as identidades não são fixos. Estão em construção, isto é, no processo de tornar o significado inteligível ao outro (...) está implícita a idéia de que as identidades estão sujeitas a mudança. (LOPES, 2002, p. 37)

Se nos reportamos para o contexto escolar, no qual as interações entre crianças e adolescentes em pleno processo formativo acontecem com grande frequência, podemos vislumbrar as possibilidades deste espaço no processo de construção de uma identidade positiva dos alunos negros (GOMES, 2003). Essa possibilidade pode ter sua efetividade resgatando a contribuição do povo negro, valorizando sua contribuição na história do Brasil e do mundo, favorecendo o processo de "tornar-se negro" (SOUZA, 1983) que se constitui uma experiência envolta em tensões e conflitos para a criança negra.

Nesse sentido, a escolha do tema Afrodescendentes em Imagens e Palavras tem como finalidade trabalhar com a linguagem iconográfica para fomentar a valorização dos descendentes africanos mediante o uso de imagens positivas e a construção de contextos que busquem diminuir as ações de preconceitos. Para isso se fazem necessárias a produção e a divulgação de materiais que tenham referências positivas da raça negra (SCHWARTZMAN, 1998). Nesse aspecto, este projeto ampara-se na análise iconográfica compreendendo a importância das imagens no desenvolvimento cognitivo do aluno (ARAÚJO e SANTOS, 2008).

PÚBLICO-ALVO

As atividades deste Projeto têm como público alvo alunos do ensino fundamental, de 5º ano, da Escola Estadual Inglês de Sousa, com idade de 9 e 10 anos, do turno matutino; além de professores das respectivas turmas, direção da escola e demais funcionários do corpo administrativo.

ATIVIDADES

Atividade 1:

Com antecedência, será solicitado que os alunos tragam de casa imagens de afrodescendentes que eles conheçam e que façam parte da história do Brasil e do mundo e que pesquisem sobre eles. A pesquisa compreenderá, no mínimo, 5 personagem por aluno. Ao trazerem as imagens, haverá uma exposição oral de cada recorte trazido pelos alunos. Em seguida, estes receberão folhas de papel A4 suficientes para a colagem e biografia de cada personagem. Cada aluno fará apresentação à turma de cada personagem e identificará a importância de cada um deles, apresentando a pesquisa biográfica. Ao término da atividade as produções serão utilizadas na montagem de um álbum que fará parte do acervo bibliográfico da escola.

Atividade 2:

Os alunos visualizarão algumas obras de Jean Baptiste Debret e dispostas sobre uma mesa com fotos atuais de revistas e jornais que tenham temas parecidos aos das imagens. Em seguida, selecionarão as imagens, tecerão comentários sobre a imagem escolhida, escreverão uma legenda e compararão com uma imagem atual, fazendo o mesmo processo.

Com esta atividade, a turma fará uma releitura através de desenhos retratando os quadros de Debret e produzirá texto apresentando percepções referentes a cada arte. A culminância da atividade ocorrerá com a confecção de um mural com TNT, com colagens das imagens e desenhos lado a lado com as respectivas legendas e textos.

Atividade 3:

Os alunos recortarão de revistas e jornais, fotos de pessoas diversas que formam a nação brasileira, atualmente. Tais imagens serão coladas em um mapa do Brasil, desenhado em uma cartolina. A turma será convidada a criar um título para o mural e abrir discussões a respeito da diversidade, sobre os personagens e sobre o racismo.

AVALIAÇÃO

A avaliação será efetivada mediante uma produção de texto executada antes e depois da implementação do projeto, a qual versará sobre tema: "*Afrodescendentes que conheço e sua contribuição na história do Brasil e do Mundo*".

Na culminância das atividades, os alunos compararão os textos produzidos no inicio e no fim do projeto para ver se, realmente, o projeto foi relevante e se os objetivos propostos foram alcançados.

REFERÊNCIAS

ARAÚJO, Gustavo Cunha de. SANTOS, Sônia Maria dos. A Cartilha Caminho Suave: história, memória e iconografia. *Revista de História e Estudos Culturais.* Disponível em <http://www.revistafenix.pro.br/PDF15/Artigo_10_ABRIL-MAIOJUNHO_2008_Gustavo_ Cunha_de_Araujo.pdf>. Acesso 19 jan 2011.

BRASIL. MINISTÉRIO DA EDUCAÇÃO. *Diretrizes Curriculares Nacionais para a Educação das Relações Étnico-Raciais e para o Ensino de História e Cultura Afro-Brasileira e Africana.* Brasília: MEC, [s.d.]. Disponível em:< http://portal.mec.gov.br/cne/>. Acesso em: 11 de nov 2010.

GOMES, Nilma Lino. Cultura negra e educação. *Revista Brasileira de Educação.* Rio de Janeiro: n. 23, p. 75-84, maio/ago., 2003.

LOPES, Luiz P. Moita; BASTOS, Liliana C. (Orgs.). *Identidades:* Recortes multi e interdisciplinares. Campinas: Mercado de Letras, 2002.

SCHWARTZMAN, Simon. *Cor, Raça, Discriminação e Identidade Social no Brasil.* Texto preliminar, março de 1998. Disponível em: <http:// www.schwartzman.org.br/simon/cor.htm>. Acesso em 16 de nov 2010.

SOUZA, Neusa Santos. *Tornar-se negro*: as vicissitudes da identidade do negro em ascensão social. Rio de Janeiro: Graal, 1983.

VYGOTSKY, L. S. *Pensamento e linguagem*. Lisboa: Edições Antídoto, 1979.

CAPÍTULO 7

Reconhecimento e valorização da identidade negra na escola de Ensino Fundamental

Raquel Amorim dos Santos
Simone Carvalho de Souza
Patrícia do Socorro Sena Fonseca

> A identidade negra como uma construção social, histórica e cultural repleta de densidade, de conflitos e de diálogos. [...] implica a construção do olhar de um grupo étnico/racial sobre si mesmo, a partir da relação com o outro. Um olhar que, quando confrontado com o do outro, volta-se sobre si mesmo, pois só o outro interpela nossa própria identidade (GOMES 2002, p. 39)

A identidade descentra e considera o sujeito no processo, desde o nascimento a criança inicia uma interação com o mundo, a partir da qual construirá não somente sua identidade, mas sua inteligência, emoções, medo, personalidade, entre outros. A construção da identidade é pessoal e social, acontece de forma interativa, por meio de trocas entre o indivíduo e o meio em que está inserido. Não pode ser vista como algo imutável, mas algo em constante desenvolvimento, construída socialmente.

Essa questão nos leva a pensar na construção identitária da criança na escola, seu cotidiano, as experiências e o processo histórico-cultural desses alunos. Esse processo identitário muda de acordo com a forma como o indivíduo é interpelado ou representado. E isso reflete a forma como os professores trabalham em sala de aula, como internalizam a imagem de si mesmo a partir da relação com o outro.

Este texto versa sobre o reconhecimento[28] e valorização da identidade negra na escola de Ensino Fundamental. Apresenta algumas sugestões de atividades práticas de intervenção acerca da questão racial, com o propósito de subsidiar o trabalho pedagógico em sala de aula na construção de uma prática antirracista. Com este fito, o professor poderá desenvolver atividades que contribuam para desmistificação do mito da democracia racial, enfrentamento do racismo, discriminação e preconceito racial com vista à construção da identidade negra positiva na escola.

CONTEXTO

A Escola Estadual de Ensino Fundamental e Médio Isabel dos Santos Dias *lócus* deste Projeto de Intervenção está situada no Distrito de Icoaraci, Município de Belém. Funciona em quatro turnos e atende aos Níveis

---

[28] "Reconhecimento implica justiça e iguais direitos sociais, civis, culturais e econômicos, bem como valorização da diversidade daquilo que distingue os negros dos outros grupos que compõem a população brasileira" (PARECER CNE/CP 003/2004). Munanga (2002) aponta que um dos autores defensores dessa ideia da exigência do reconhecimento é sem dúvida Frantz Fanon. Em seu famoso livro "Os condenados da Terra", ele sustenta a ideia de que a arma essencial dos colonizadores era a imposição aos povos colonizados das imagens negativas contra eles forjadas. Para se libertarem, os povos colonizados devem, antes de mais nada, se desembaraçarem dessas imagens em si depreciativas.

de Ensino Fundamental e Médio e à Modalidade da Educação de Jovens e Adultos (EJA – Médio) e Educação Especial.

A escola possui quatorze (14) salas de aula em condições de uso, uma (01) sala de informática, uma (01) sala de apoio especial para atender os Portadores de Necessidades Especiais, uma (01) biblioteca, uma (01) sala de professores, uma (01) sala de direção, uma (01) sala de Supervisores e Orientadores Educacionais, uma (01) Secretaria, uma (01) sala de Arquivo, dois (02) banheiros, uma (01) quadra de esporte não coberta, uma (01) cozinha e um (01) depósito de alimentos e materiais de limpeza.

Os agentes escolares são constituídos de uma (01) diretora, três (03) vice-diretores, um (01) secretário, quatro (04) auxiliares administrativos, oito (08) operacionais para atender as necessidades da comunidade escolar, dois (02) vigias, cinco (05) profissionais responsáveis pela biblioteca, quarenta e nove (49) professores e 2.164 alunos.

Apresenta um corpo docente que em sua maioria se autoclassificou como pardo o que corresponde a (64%) do total de professores. Observamos ainda os mesmos percentuais para as categorias branco e negro que perfazem um total de (18%). Nenhum professor se autoclassificou como indígena ou amarelo, conforme demonstra a Tabela 1.

Tabela 1: Autoclassificação étnico-racial de professores do Ensino Fundamental

RAÇA/COR DE PROFESSORES DO ENSINO FUNDAMENTAL	
Branco	18%
Preto	18%
Pardo	64%
Indígena	0%
Amarelo	0%

Fonte: Pesquisa direta, 2010.

Os percentuais coligidos na Tabela 1 apontam um quantitativo expressivo de professores que se autoclassificaram como pardos. Para alguns estudiosos do campo das relações raciais, a cor parda significa uma categoria intermediária (NOGUEIRA, 1985; OSÓRIO, 2004), ambígua (OSÓRIO, 2004), por se tornar indefinida. Para Santos (2009, p. 114) a cor parda representa:

> [...] a indefinição da cor, um gradiente de cores na fronteira entre o pardo e o branco, como forma de invisibilizar o termo preto pela carga semântica negativa, em favor do negro. A categoria parda representa os mestiços, provenientes do processo de miscigenação das demais categorias raciais consideradas "puras".

Santos (2009) evidencia que a categoria parda aponta para a complexidade que se constitui a cor no Brasil, um país multicolorido que invisibiliza a cor preta. Para Munanga (1999, p. 10): "[...] o Brasil constitui o país mais colorido do mundo, isto é, o mais mestiçado do mundo". Essa ideologia apregoada pelo ideal de branqueamento (SKIDMORE, 1976) e fortalecida de forma estratégica pela elite dominante escamoteia a verdadeira classificação racial de homens e mulheres, em função da variedade de cor, o que contribui de forma negativa para o reconhecimento e valorização da identidade, da cultura e da história dos negros brasileiros (SANTOS, 2009).

O Projeto de Intervenção também perscrutou a autoclassificação do corpo discente com base na amostra de alunos do 3º e 4º anos do Ensino Fundamental. Utilizamos como instrumento de coleta de dados o questionário. Os dados compilados na Tabela 2 ficaram assim representados:

Tabela 2: Autoclassificação étnico-racial de alunos do Ensino Fundamental

RAÇA/COR DE ALUNOS DO ENSINO FUNDAMENTAL	
Branco	22%
Preto	22%
Pardo	56%
Indígena	0%
Amarelo	0%

Fonte: Pesquisa direta, 2010.

A Tabela 2 demonstra que há um percentual majoritário de alunos que se autoclassificou como pardo (56%). Percebe-se também que os alunos autodeclarados branco e preto apresentam os mesmos percentuais (22%), enquanto as demais categorias (indígena e amarelo) não foram autodeclaradas. Nogueira (1985, p.82) afirma que "[...] a concepção de branco e não-branco varia, no Brasil, em função do grau de mestiçagem, de indivíduo para indivíduo, de classe para classe, de região para região". A mestiçagem no Brasil suscita um mosaico de cores em que o preto torna-se uma cor "periférica", dado o grau de racismo representado/materializado no imaginário social, enquanto a cor branca é vista pela elite dominante como "núcleo central". Assim, a mestiçagem fortalece uma identidade fixa, iluminista (HALL, 2001) a partir de parâmetros hegemônicos pulverizados na escola e nos diversos campos sociais.

A construção da identidade negra na escola é processual e requer que se intensifique a oferta de materiais didáticos e a formação de professores no sentido de criar subsídios para implementar uma educação de valorização e reconhecimento da história, cultura e identidade da população negra no Brasil. O investimento em materiais didáticos e formação de professores poderá contribuir para desconstruir o mito da democracia racial e construir uma visão afirmativa acerca da identidade negra na escola como uma riqueza de nossa diversidade cultural e humana.

OBJETIVOS

Reconhecer e valorizar a identidade negra na escola. Especificamente: apresentar a proposta pedagógica do Projeto de Intervenção com base no conjunto jurídico que versa sobre as relações raciais; valorizar semelhanças e diferenças e o respeito à diversidade; reformular o equívoco da inexistência do racismo pelo destaque dos negros nos diferentes campos sociais; apresentar uma visão da Aldeia Africana inspirada em contos africanos; realizar leitura de imagens de livros da literatura infantojuvenil; reconhecer e valorizar por meio da música a cultura afro-brasileira.

JUSTIFICATIVA

Trabalhar por meio de projetos na escola propicia tanto a ruptura de uma visão limitada das relações raciais, bem como favorece um trabalho pedagógico com a intenção de desconstruir as estereotipias cristalizadas no imaginário social e contribuir para a construção da identidade negra na escola. Enquanto professoras das séries iniciais do Ensino Fundamental sentimos a necessidade de elaborarmos um projeto de intervenção na escola a partir de vários relatos de professores acerca da relação aluno/aluno na sala de aula e no tempo/espaço do recreio. Esses relatos versavam sobre o tratamento depreciativo dispensado, sobretudo aos alunos negros, cujos reflexos estendiam-se ao processo de ensino-aprendizagem. Mas, para além da boa vontade, sentimos que havia necessidade de um aporte teórico específico para lidar com as questões raciais na escola.

A oportunidade surgiu com o Curso de Especialização *Lato Sensu* em Relações Raciais para o Ensino Fundamental (2010-2011), ofertado pela Universidade Federal do Pará (UFPA) por meio do Instituto de Ciência da Educação (ICED), sob direção do Núcleo de Estudos e Pesquisas sobre Formação de Professores e Relações Étnico-Raciais (GERA) e coordenação geral da Profa. Dra. Wilma de Nazaré Baía Coelho. O curso proporcionou o contato com a literatura específica sobre as relações raciais, além de oportunizar a realização de um projeto de intervenção como trabalho de conclusão de curso com base na realidade vivenciada na escola. Assim, iniciamos o projeto de intervenção na escola com a temática que versa sobre o Reconhecimento e valorização da identidade negra na escola de Ensino Fundamental.

Para Munanga (2004) a identidade negra resulta:

> [...] de um longo processo histórico que começa com o descobrimento no século XV do continente africano e de seus habitantes pelos navegadores portugueses, descobrimento esse que abriu o caminho às relações mercantilistas com a África, ao tráfico negreiro, à escravidão e enfim à colonização do continente africano e de seus povos.

Nas reflexões de Munanga (2004), a identidade negra está relacionada ao tráfico negreiro e ao escravismo, experiências históricas cruciais para os negros na América. Nesse sentido, afirma que não havia sinais de tolerância num regime que, durante quase meio século, manteve separados do berço ao túmulo os brancos e *não brancos*. É nesse contexto histórico que devemos entender a identidade negra no Brasil, pois em nenhum momento a cor da pele branca foi objeto de representações negativas e de construção de uma identidade negativa que, embora inicialmente atribuída, acabou sendo introjetada, interiorizada e naturalizada pelas próprias vítimas da discriminação racial.

Para Coelho (2009, p.304):

> [...] a identidade continua interferindo no reconhecimento dos direitos ao exercício da cidadania da população negra.

> Isso quer significar que temos um recorte de cunho racial historicamente construído, que opera na sociedade fazendo a seleção dos indivíduos conforme sua identidade étnica.

A identidade, nesse sentido, transcorre pelo reconhecimento dos indivíduos na sociedade. Mas, muitas vezes, as pessoas são racializadas, discriminadas, reduzidas a uma condição de extrema humilhação, selecionadas conforme sua identidade étnica. Essa forma de perceber o outro, nesse caso o negro, invisibiliza sua contribuição para a formação social, política, econômica e cultural do Brasil (SANTOS, 2009).

Para Gomes (2002), a identidade é concebida como construção social, política, histórica e cultural, pois a identidade racial do negro não pode estar dissociada do processo histórico. "O resgate da cultura, a defesa da igualdade social, econômica e educacional só podem ser realizados se acompanhados da devida contextualização histórica" (1995, p.44).

Gomes (2002) reforça que a identidade negra também é uma construção política, pois explica que no contexto de dominação e discriminação vivido pelos negros no Brasil, afirmar-se negro não se limita apenas à cor da pele, mas é uma postura política visto que não é fácil construir uma identidade negra positiva em nossa sociedade em que o negro e sua cultura são tratados de forma desigual. Porém, construir uma imagem positiva do negro requer a valorização das diferenças.

Para D'Adesky (2005), a maneira como o indivíduo vê a si mesmo é intermediada pelo reconhecimento obtido dos outros. Nesse sentido, a construção da identidade pressupõe uma interação, logo, ela não é constituída isoladamente; é uma construção social e depende das relações estabelecidas na sociedade. Ainda menciona que a identidade é um valor desejável, ou seja, deve possuir um valor aos olhos do outro, pois ela é exatamente o resultado das relações estabelecidas entre os indivíduos.

Nessa perspectiva, a identidade negra na escola se constrói socialmente e, em determinado contexto histórico cultural, produz uma imagem que reflete o outro que poderá contribuir tanto para afirmação, quanto para estigmatização das identidades na escola. O processo histórico dos negros no Brasil foi marcado pelas desigualdades raciais e naturalizado no imaginário social da escola. Desse modo, o cotidiano escolar materializa atitudes racistas que, veladas ou explicitas atingem a criança negra.

A identidade da criança negra na escola transcorre por um processo de violência simbólica[29] (BOURDIEU, 2003) ou explícita gerada pelo racismo, discriminação e preconceito racial, que traz em seu bojo as humilhações e ultrajes sofridos pelos alunos negros na escola em função de posturas, atitudes, textos e materiais didático-pedagógicos de conteúdos racistas conforme nos afirmam os estudiosos das relações raciais (MUNANGA, 2002; SILVA, 2004; GOMES; 2008; CAVALLEIRO, 2000; COELHO, 2009, SANTOS, 2009).

A escola representa um território que historicamente apresenta corporificações ideológicas e materiais imbricadas em uma complexa teia de relações culturais e de poder. Representa também o lugar socialmente construído, como território de contestação ativa envolvido na produção de experiências vividas. Nesse lugar, subjaz um campo cultural no qual o conhecimento, o discurso e o poder interseccionam-se de maneira a produzir práticas historicamente racistas, além da regulação moral e social. Nesse sentido, as experiências são produzidas, contestadas e legitimadas na dinâmica da vida escolar cotidiana.

Pensar na identidade da criança negra na escola significa rever os perversos efeitos da dominação que historicamente foi submetida à população negra. Construir identidades positivas na escola perpassa pela reconstrução do Projeto Político Pedagógico, formação de professores e dos demais agentes escolares, Plano de Ensino, livros e materiais didáticos para

[29] Para Bourdieu (2009, p. 7-8) "O poder simbólico é, com efeito, esse poder invisível o qual só pode ser exercido com a cumplicidade daqueles que não querem saber que lhe estão sujeitos ou mesmo que o exercem".

instaurar uma política de reconhecimento e valorização da *diferença racial* na escola, pois como nos diz Taylor (1998) o reconhecimento não é apenas uma cortesia que se faz a uma pessoa: é uma necessidade humana vital.

No campo da Psicologia, alguns teóricos, a exemplo Piaget (1977), Vygotsky (1991, 1993) e Wallon (1975) se dedicaram a estudar a criança a partir da relação homem-meio. As distintas abordagens apresentadas por esses teóricos, sobretudo no que se refere ao processo de desenvolvimento da aprendizagem da criança, revelam a necessidade de perceber a relação da criança com o mundo.

Dentre as distintas abordagens, elegemos para este Projeto de Intervenção a teoria Sócio-Construtivista de Lev Vygotsky (1991), por considerar o conhecimento como construção social no âmbito das relações humanas. Vygotsky (1991) aponta que o desenvolvimento da espécie humana não depende somente das características biológicas, mas da interação da criança ao longo de sua vida social.

A criança na interação com o mundo aprende conceitos, valores, princípios e interage desde o nascimento com o outro, seja nas relações primárias (família) ou secundárias (escola), ou em outro grupo social (BERGER & LUCKMAN, 1973); nesta relação do eu com o outro a criança se constrói. É com o outro, pelos gestos, pelas palavras, pelas atitudes, pelos toques e olhares que a criança construirá sua identidade e será capaz de reapresentar o mundo atribuindo-lhe significados (SANTANA, 2004).

Vygotsky (1993) enfatiza que o pensamento é determinado pela linguagem, ou seja, pelas experiências que a criança adquire num processo histórico-cultural. Nesse sentido, a criança em interação com o meio desenvolve o ato de pensar e constrói sua subjetividade por meio do uso de instrumentos simbólicos (os signos) que são representados pela linguagem, pois por meio da linguagem a criança apreende a realidade e transmite conhecimento.

Nessa perspectiva, a criança em contato com os signos elaborados pelos grupos sociais internaliza conhecimento cada vez mais complexo, assim sempre que a criança adquire experiência torna-se mais independente. Nesse sentido, Vygotsky (1993) aponta que o conhecimento se constrói primeiramente pela interação interpessoal e posteriormente torna-se intrapessoal. Desse modo, a criança negra na escola, na interação em sala de aula, traz nas suas raízes a marca de um processo histórico cultural de mais de quatro séculos de exclusão, cujos reflexos encontram-se na contemporaneidade e interferem na construção afirmativa da criança negra na escola, sobretudo no desenvolvimento da aprendizagem.

Para Vygotsky (1991, p. 46), o desenvolvimento da criança ocorre primeiramente no nível social e posteriormente no individual. Nessa direção afirma que:

> Todas as funções no desenvolvimento da criança aparecem duas vezes: primeiro no nível social e, depois no nível individual; primeiro entre pessoas (inter-psicológico) e depois, no interior da criança (intra-psicológico).

O desenvolvimento da criança ocorre na relação do eu com o outro e depois no interior da criança. Daí a importância da relação da criança com o mundo, um mundo que transita permanentemente entre o passado (tradições, hábitos e costumes), e o novo (as inovações do presente e as perspectivas futuras). Nessa direção, a criança, interage por meio das dimensões culturais, familiares e sociais, pois nessas relações aprende com o outro, e consigo.

Vygotsky (1991) a partir dos processos interpsicológicos e intrapsicológicos desenvolveu o conceito de *Zona de Desenvolvimento Proximal* que seria a distância daquilo que a criança faz sozinha *(desenvolvimento real)* ao que tem o *potencial* para fazer com a orientação de outras pessoas. Assim, teoria sócio-interacionista contribui para que a criança ao compartilhar com o outro aproprie-se da linguagem que lhe permite perceber e interagir com o meio social, o que contribui para a formação do pensamento e leva a criança a desenvolver funções psicológicas mais complexas. O que nos reporta também a outro conceito trabalhado por Vygotsky (1993), a mediação, ou seja, um adulto como mediador no processo de aprendizagem que possibilita à criança o desenvolvimento de novas habilidades.

Assim, as crianças aprendem com as diversas experiências vivenciadas com o meio social em que estão inseridas, internalizando comportamentos, atitudes e construindo sua maneira de pensar e agir. Nesse sentido, um comportamento ainda que individual é resultado das relações estabelecidas com o coletivo em seu processo de aprendizagem, ou seja, a maneira como a criança vê o outro e a si mesma. Desse modo, a construção de sua identidade ao longo de suas experiências passará também por esse processo de interação.

PÚBLICO ALVO

O Projeto de Intervenção sobre o reconhecimento e valorização da identidade negra na escola de Ensino Fundamental será realizado com alunos do 5º ano do Ensino Fundamental. A escolha desses sujeitos não foi aleatória, mas selecionamos as turmas de acordo com o Ano/Série que atuamos. A seguir apresentamos as atividades pedagógicas que serão desenvolvidas com esse público.

ATIVIDADES

As atividades sugeridas nesta intervenção pedagógica buscam fortalecer práticas políticas e pedagógicas no Ensino Fundamental, que reafirmem o compromisso com uma abordagem antirracista

Atividade 1: Apresentação do Projeto de Intervenção à comunidade escolar

No primeiro momento será apresentada a **proposta pedagógica do Projeto** com base na Lei nº 10.639/2003 e Diretrizes

Curriculares Nacionais para a Educação das Relações Étnico-Raciais (DCNERER), com objetivo de [re] conhecerem o conjunto jurídico que versa sobre a diversidade cultural. Após a explanação apresentaremos o **vídeo** *racismo, preconceito e discriminação* de Daniel Fraga. Em seguida será realizado um **debate** sobre o tema e a implementação da Lei nº10. 639/03;

Atividade 2: Quem sou eu? Como eu sou? E quem é o outro?

Reunir em sala de aula com os alunos e iniciar uma **roda de conversa** com objetivo de valorizar semelhanças e diferenças e respeito à diversidade. Elegemos a roda, primeiro porque na "[...] roda é possível romper as hierarquias, existe espaço para fala, todos se vêem [...]". Segundo porque a "[...] roda é um princípio de organização, como maneira de aprender coletivamente, já é um exercício [...] de busca de respeito da diversidade" (BRASIL/SECAD, 2004, p. 165).

Nessa roda iniciaremos a apresentação oral dos alunos por meio do painel com fotos com a temática "Somos todos diferentes". Para esta atividade serão observados os seguintes procedimentos didáticos: Solicitar aos alunos que façam sua apresentação oral a partir de sua foto, seguindo as orientações descritas na tarja: **Quem sou eu? Como eu sou?** Com base nos questionamentos: Qual seu nome? O que você mais gosta de fazer? Qual sua comida preferida? Qual seu esporte favorito? Que música você gosta de ouvir? Como você se relaciona com seus colegas em sala de aula? Com base nas repostas dos alunos o professor identificará as diferenças individuais e de grupo a partir da valorização da história de vida dos alunos.

Ainda na roda teceremos um dialogo sobre **Quem é o outro?** Para tanto, partiremos dos seguintes procedimentos didáticos: solicitar que alunos observem as fotografias de si e dos demais colegas de sala de aula; requerer que identifiquem as características físicas de si mesmo e do outro. Com base nos relatos dos alunos teceremos um debate sobre o racismo, preconceito e discriminação racial a partir das seguintes intervenções: O que é o racismo? O que é o preconceito? O que é a discriminação racial? O professor registrará em cartazes os conceitos definidos pela turma sobre racismo, preconceito e discriminação racial; após, o professor explicitará os conceitos para os alunos com base na literatura especifica sobre as relações raciais; por fim, realizará uma produção coletiva registrada em cartazes com ações que poderão contribuir para o respeito às diferenças na escola.

Atividade 3: Diversidade étnico-cultural no Brasil

Para esta atividade realizaremos a construção de mural das personalidades negras nos diversos campos sociais com o propósito de reformular o **equívoco** da inexistência do racismo no Brasil pelo destaque de alguns negros no esporte, na música, na arte entre outros campos sociais. O professor poderá informar aos alunos que essas personalidades, entre outras, representam as **exceções**. A maioria do povo negro ainda se encontra em situação de exclusão e de opressão; seu insucesso deve ser creditado a essa condição, confirmada por meio das estatísticas que comprovam o racismo operante em nossa sociedade.

Fonte: www.google.com.br/images acessado em 12 mar. 2011.

Atividade 4: Conhecendo a África

Para esta atividade realizaremos uma sessão, de filme de animação sobre a tradição africana. Para tanto, utilizaremos como procedimentos didáticos o desenho "Kiruku e a feiticeira" que mostra todo o fascínio da tradição africana num filme de animação que celebra a coragem, a curiosidade e a astúcia, baseado na lenda da África Ocidental sobre uma comunidade subjugada por uma terrível feiticeira. O objetivo desta atividade é apresentar uma visão da aldeia africana inspirada em contos africanos. Após a sessão os alunos realizarão produção de textos e ilustrações, individual e coletivamente, a partir de imagens e debates em sala de aula.

Atividade 5: Afirmação da identidade negra

Contação de história "Menina bonita do laço de fita", de Ana Maria Machado. Tenciona-se com essa história discutir com os alunos acerca da cor no Brasil. Após a explicitação conceitual de cor

(Raça/Etnia) apresentaremos os seguintes procedimentos didáticos: Realizar leitura de imagens do livro e fazer observações referentes à cor da pele da menina, à cor do coelho e ao cabelo; destacar expressões de valorização da menina que é retratada como bela, muito bonita e parecida com a princesa das terras da África ou uma fada do Reino Luar, além de ser esperta e criativa; solicitar aos alunos que deem outro título à história e registrar por meio de cartazes as sugestões apresentadas pelos alunos; solicitar aos alunos uma reescrita da história (individual) com a criação de desenhos a partir dos personagens.

Atividade 6: A identidade negra por meio da música

A música expressa um tempo histórico, um estilo, um sentimento, um protesto, como é caso da música *Olhos Coloridos* de Macau, interpretada por Sandra de Sá. Essa música se destacou pela denúncia da discriminação racial. Com seu suingue *black*, ela é mais do que uma música, é um estilo musical, é um grito negro, uma denúncia, é contestação, é amor, é o hino que retrata a música negra brasileira. Portanto, elegemos essa música para trabalhar com os alunos com objetivo de reconhecer e valorizar a cultura negra; explicitar o contexto histórico da música; realizar com os alunos pintura livre com base na letra da música e em seguida apresentá-las à turma.

OLHOS COLORIDOS

Os meus olhos coloridos
me fazem refletir
Eu estou sempre na minha
E não posso mais fugir
Meu cabelo enrolado
todos querem imitar
Eles estão baratinados
também querem enrolar.

Você ri da minha roupa
Você ri do meu cabelo
Você ri da minha pele
Você ri do meu sorriso
A verdade é que você
Tem sangue criolo
Tem cabelo duro
Sarara-criolo.

Atividade 7: Culminância do Projeto de Intervenção

O Projeto de Intervenção terá como culminância as atividades desenvolvidas pelos alunos no decorrer do projeto. Essa socialização será realizada na escola com a participação da comunidade escolar, técnicos da Secretaria de Estado de Educação, por meio da Secretaria da Diversidade e Pesquisadores do Núcleo de Estudos e Pesquisa sobre Formação de Professores e Relações Étnico-Raciais (GERA), sob a Coordenação da Profa. Dra. Wilma de Nazaré Baía Coelho. Para tanto, seguiremos os seguintes procedimentos didáticos: Abertura com o Hino Nacional; Apresentação das autoridades; Relato de um aluno sobre a experiência vivenciada no projeto; Apresentação do coral "Somos diferentes" com a música *Olhos Coloridos*, composto pelos alunos que participaram do projeto. Em seguida será aberta a **I Amostra da Diversidade Cultural na Escola**, com a exposição das produções dos alunos realizadas no decorrer do projeto; Apresentação de um grupo de capoeira como contribuição para afirmação da identidade negra e, por fim, será realizado um coquetel com os convidados e os alunos do projeto e, após, será realizada a entrega de brindes.

AVALIAÇÃO

A avaliação será realizada por meio da observação contínua em todas as etapas do projeto, levando em consideração os objetivos propostos e sendo registrado por meio de um relatório que constará todos os resultados obtidos nesse Projeto de Intervenção.

REFERÊNCIAS

BERGER, P.; LUCKMANN, T. *A construção social da realidade*. Petrópolis: Vozes, 1973.

BOURDIEU, Pierre. *O poder simbólico*. Tradução Fernando Tomaz. – 12ª edição. – Rio de Janeiro: Bertrand Brasil, 2009.

BRASIL. *Lei nº 10.639, de 09 de janeiro de 2003*. Diário Oficial da União de 10 de Janeiro de 2003.

BRASIL. MINISTÉRIO DA EDUCAÇÃO. *Diretrizes Curriculares para a Educação das Relações Étnico-Raciais e para o Ensino de História e Cultura Afro-Brasileira*. Outubro, 2004.

BRASIL. SECRETARIA DE EDUCAÇÃO CONTINUADA, ALFABETIZAÇÃO E DIVERSIDADE. *Orientações e Ações para a Educação para as Relações Étnico-Raciais*. Brasília: SECAD, 2006.

CAVALLEIRO, Eliane. *Do silêncio do lar ao silêncio escolar*. São Paulo: Contexto, 2000.

COELHO, Wilma de Nazaré Baía. *A cor ausente*. Belo Horizonte: Mazza Edições; Belém: Editora UNAMA, 2006.

COELHO, Wilma de Nazaré Baía, COELHO, Mauro Cezar (Org.). *Raça, cor e diferença*. Belo Horizonte: Mazza, 2008.

D'ADESKY, Jaques. *Pluralismo étnico e multiculturalismo:* Racismo e anti-racismo no Brasil. Rio de Janeiro: Pallas, 2005.

GOMES, Nilma Lino. *A mulher negra que vi de perto*. Belo Horizonte: Mazza Edições, 1995.

_______. 2002. Educação e identidade negra. *Aletria – revista de estudos de literatura. Alteridades em questão*. Belo Horizonte, POSLIT/CEL, Faculdade de Letras da UFMG, v. 6, n. 9, p. 38-47.

_______. Educação, identidade negra e formação de professores/as: um olhar sobre o corpo negro e o cabelo crespo. *Educação e Pesquisa*, São Paulo, v. 29, n. 1, 2003, p. 167-182.

_______. Indagações sobre currículo: diversidade e currículo. In: BEAUCHAMP, Janete; PAGEL, Aricélia Ribeiro do Nascimento (orgs.). *Diversidade e Currículo*. – Brasília: Ministério da Educação. Secretaria de Educação Básica, 2008.

HALL, Stuart. *A identidade cultural na pós-modernidade*. Tradução: Tomaz Tadeu da Silva. Rio de Janeiro: DP&A, 2001.

MUNANGA, Kabengele. Mestiçagem e identidade afro-brasileira: In: OLIVEIRA, Iolanda de (Coord.). *et al. Relações Raciais e educação*: alguns determinantes. Niterói: Intertexto, 1999.

________. *Diversidade, etnicidade, identidade e cidadania.* Palestra proferida no 1º Seminário de Formação Teórico Metodológica-SP, 2002.

________. *O negro na sociedade brasileira*: resistência, participação e contribuição. 2004

NOGUEIRA, O. *Preconceito de marca*: as relações raciais em Itapetininga. São Paulo: EdUSP, 1998.

OSÓRIO, Rafael G. *O sistema classificatório de cor ou raça do IBGE.* Brasília. Texto para discussão IPEA, 2004.

PIAGET, Jean. *O desenvolvimento do pensamento:* equilibração das estruturas cognitivas. Lisboa: Dom Quixote, 1977.

SANTOS, Raquel Amorim dos. In *Visibilidade negra:* representação social de professores acerca das relações raciais no currículo escolar do Ensino Fundamental em Ananindeua (PA). 2009. 182 f. Dissertação (Mestrado em Educação) – Universidade Federal do Pará, Instituto de Ciências da Educação, Programa de Pós-Graduação em Educação, Belém, 2009.

SANTANA, Patrícia Maria de Souza. Educação Infantil. In: BRASIL/SECAD. (Org.). *Orientações e Ações para a Educação para as Relações Étnico-Raciais.* Brasília: SECAD, 2006.

SILVA, Petronilha Beatriz Gonçalves e. Voto da relatora. In: BRASIL/SECAD. (Org.). *Orientações e Ações para a Educação para as Relações Étnico-Raciais.* Brasília: SECAD, 2006.

SKDMORE, Thomas E. *Preto no branco*: raça e nacionalidade no pensamento brasileiro.Tradução: Raul de Sá Barbosa. Rio de Janeiro: Paz e Terra, 1976.

TAYLOR, Charles. *Multiculturalimo.* Examinando a Política de Reconhecimento. Lisboa: Instituto Piaget, 1998.

VYGOTSKY, L. S. *A formação social da mente,* São Paulo. ED. Ltda, 1991.

________. *Pensamento e linguagem.* Tradução Jeferson Luiz Camargo. São Paulo: Martins Fontes, 1993.

WALLON, H. Psicología e educação da infância. In: WALLON, H. *Psicologia e educação da infância.* Lisboa: Editorial Estampa, 1975.

CAPÍTULO 8

Literatura infantil e identidade no Ensino Fundamental

Rosângela Maria de Nazaré Barbosa e Silva
Gisele Nascimento Barroso

> "Ser negro no Brasil é, pois, com frequência, ser objeto de um olhar enviesado...". *Milton Santos*

SOBRE O TÍTULO

O presente trabalho, intitulado "*Literatura Infantil e identidade no Ensino Fundamental*" visa a apresentar e discutir as questões raciais nas séries iniciais do Ensino Fundamental, especificamente do 2º e 3º anos. Este trabalho tem como contexto a intervenção, a qual se dará por meio da contação de histórias com temáticas raciais, selecionadas pelos alunos da Escola Estadual em Regime de Convênio "Nossa Senhora da Conceição", com a colaboração das professoras das salas, buscando-se um despertar de interesses por parte dos alunos sobre a história do povo negro e, consequentemente, valorização da identidade negra.

O CONTEXTO

O trabalho tem como contexto a Escola Estadual em Regime de Convênio "Nossa Senhora da Conceição", localizada no Distrito de Icoaraci, pertencente à área Metropolitana de Belém, Estado do Pará. Possui cinco (05) salas de aula, uma (01) secretária/diretoria, banheiros, depósito para armazenamento de merenda, cozinha e uma pequena área coberta, para o atendimento de 428 (quatrocentos e vinte e oito) alunos de 1º ao 5º anos, distribuídos em 03 (três) turnos de funcionamento. Essa Unidade de Ensino atende a uma comunidade em sua maioria de baixa renda, moradora de áreas de invasão e loteamentos das proximidades, tais como: Parque Verde, Parque Zorbi, Águas Negras, Mangue, Área do Riso, Conjunto Habitacional da COHAB, entre outras localidades.

Tratando-se de uma escola em Regime de Convênio, o prédio da escola não pertence ao Estado e, sim, ao Centro Social Dr. Osvaldo Melo (CESCOM), uma entidade sem fins lucrativos que cedeu à Secretaria Estadual de Educação (SEDUC), na forma de comodato, o prédio que abriga a escola, conforme minuta de Termo de Convênio.

A Escola R. C. "Nossa Senhora da Conceição" atende a uma comunidade de grande vulnerabilidade social, na qual os índices de violência doméstica, o trabalho infantil, o tráfico de drogas, entre outros problemas sociais são vivenciados diariamente pelos alunos. Tais fragilidades influenciam, grandemente, no perfil do alunado que, em sua maioria, demonstram agressividade, principalmente no que diz respeito à intolerância racial e estética.

A Escola conta com 10 (dez) professores, sendo 02 (dois) de Educação Física e 08 (oito) de Educação Geral, em seu quadro funcional. Vale ressaltar que, dentre esses, apenas 01 (um) não possui o Ensino superior.

Este projeto se impõe no contexto acima exposto, por meio de alguns desafios, tais como: eliminar atitudes de preconceito e discriminação no ambiente escolar, pela conscientização dos alunos de que ser *diferente*[30]

---

[30] A diferença que trataremos no presente projeto de intervenção será a *diferença racial.*

não significa ser inferior; subsidiar o trabalho do professor, a fim de que a discussão sobre a temática étnico-racial seja abordada em todas as disciplinas; fornecer aos alunos conhecimentos sobre a história e contribuição da população negra para a construção da identidade por meio da estratégia de contação de histórias.

OS OBJETIVOS

Apesar da sansão da Lei Federal nº 10.639/2003 e sua normatização pela Resolução nº 01/2004 e Parecer nº 03/2004 do Conselho Nacional de Educação, apontando indicativos de como as representações estereotipadas de pessoas negras em materiais didáticos e paradidáticos contribuem para a manutenção e reprodução do racismo, no que se refere à produção literária e didática, bem como nos meios midiáticos, a situação apresenta-se quase inalterada:

> No plano simbólico, as pesquisas sobre diversos meios: literatura, cinema, imprensa, televisão, publicidade, literatura infanto-juvenil indicam que nos últimos anos ocorreram modificações nos discursos sobre o negro. Mas, são mudanças circunscritas, que não significaram a ruptura ou a quebra nas práticas discursivas que limitam o/a negro/a e privilegiam o branco, que é considerado o representante natural da humanidade e, via de regra, a quem os discursos se dirigem (SILVA, 2005, p. 06)

Para tal e neste projeto de intervenção, têm-se como objetivos despertar na criança o desejo de escutar e ler contos de origem africana; promover o fortalecimento da autoestima, evidenciando o orgulho de pertencer a um grupo étnico-racial em que sua cultura, sua história seja valorizada e respeitada; tratar a questão das diferenças, valorizando a diversidade a partir da raça negra; promover sessões de contação de histórias que abordem temas raciais nas turmas do 1º e 2º anos do Ensino Fundamental e construir um mural com desenhos dos alunos após a apresentação das histórias.

A JUSTIFICATIVA

Aventar questões raciais na escola é, como nos ensina o Prof. Milton Santos (2000), na citação que abre este texto, pisar em um terreno escorregadio onde ser negro no Brasil é, frequentemente, ser objeto de um olhar vesgo e ambíguo. Essa ambiguidade marca a convivência cotidiana, influi sobre o debate acadêmico, e o discurso individualmente repetido é, também, utilizado por governos, partidos e instituições. Há, sempre, o risco de cair na armadilha da emoção desbragada e não tratar do assunto de maneira adequada e pedagógica. Pois, segundo Cavalleiro (2006, p. 227):

> O silêncio do professor sobre as questões raciais facilita novas ocorrências, reforçando inadvertidamente a legitimidade de procedimentos preconceituosos e discriminatórios no espaço escolar e, a partir dele, para outros âmbitos sociais. Confirma dessa forma o direito de crianças brancas e não-brancas a exercerem a discriminação contra crianças negras.

Partindo dessa afirmativa, apresentamos outra consideração importante para o desenvolvimento dessa intervenção: despojarmo-nos do medo de sermos preconceituosos e racistas. Como argumenta Munanga (2005) essa é uma condição primordial, para que possamos transformar radicalmente nossa estrutura mental herdada do mito da democracia racial, mito segundo o qual no Brasil "não existe preconceito étnico-racial e, consequentemente, não existem barreiras sociais baseadas na existência da nossa diversidade (...), então enfrentar o segundo desafio de como inventar as estratégias educativas e pedagógicas de combate ao racismo" (p.18).

Para Eliane Cavalleiro (2006) a educação brasileira, visivelmente afetada pelo projeto neoliberal, torna pública a ausência de uma reflexão acerca das relações raciais no planejamento escolar, o que tem impedido a promoção de relações subjetivas respeitáveis e igualitárias entre os agentes sociais que integram o cotidiano da escola. Nesse sentido, o *silêncio* sobre o racismo, o preconceito e a discriminação racial em diferentes instituições educacionais e a ideologia do consumo gestada de forma hegemônica contribuem para que as diferenças de fenótipo entre negros e brancos sejam entendidas como desigualdades naturais, e o que é mais grave, constroem e reproduzem os negros como sinônimos de seres inferiores.

Tais proposições justificam plenamente nossa intenção em discutir, à luz da Lei nº 10639/03, a importância de se identificar nas histórias infantis aspectos de racismo e preconceito, buscando incorporar nos currículos da Educação Básica conteúdos que valorizem as relações interétnicas, considerando a diversidade cultural como um patrimônio de um povo, e desmistificando a suposta superioridade de uma raça sobre outra, e isso se estende também para a relação entre os "outros brasileiros" e as inúmeras etnias indígenas que povoam o território brasileiro.

A literatura infantil contemporânea tem evidenciado uma preocupação cada vez maior em apresentar uma identidade cultural que expresse as relações de inclusão social. É nesse novo contexto que a literatura negra se insere, incluindo um novo discurso na literatura brasileira.

Para Zilá Bernd (1988, p. 21e 22), ao conceituar literatura negra, à primeira vista, a expressão pode remeter a um conceito etnocêntrico e reacionário, pois é evidente que sensibilidade artística não constitui fator inerente a uma dada etnia. E ainda, no Brasil, a expressão literatura negra corresponde a uma reivindicação da parte de bom número de escritores afro-brasileiros que concebem a prática da escritura literária como um espaço propício à enunciação da reconstrução identitária, em crise após a destruição brutal representada por um longo período escravista.

Ao analisar a literatura constata-se, segundo os estudos de Rosemberg (1985), Negrão (1988) e Cavalleiro (2000), que por muito tempo o negro foi incluído de forma preconceituosa, subalterna na sociedade, e a literatura refletia essa situação. Nas obras de Monteiro Lobato encontram-se descrições dos personagens negros conforme os padrões da época, em que tia Anastácia era descrita como uma negra de alma branca. Fica claro também o papel subserviente da única personagem negra das estórias de Monteiro Lobato, nas quais esta nada mais era do que uma sombra de Dona Benta. Em obras do folclore o Saci aparece como um negrinho que faz traquinagens e esconde coisas, um arquétipo do pivete mal criado dos dias de hoje, mais afeito à travessura e à vagabundagem do que a qualquer outra coisa.

A pertinência dessa opção – trabalhar com a Literatura Infantil e a Identidade Negra – se justifica pela intensificação, na última década, das demandas políticas oriundas da luta do movimento negro, no Brasil, por maior visibilidade e legitimidade no campo educacional. Não foi por acaso a obrigatoriedade da introdução de estudos da História e Cultura Afro-brasileira no currículo, a partir da implementação da Lei nº 10.639/2003, trazendo à tona antigas e novas configurações de lutas hegemônicas identitárias referenciadas no passado. Nesse processo, "é comum a presença de mecanismos de reafirmação e de legitimação que operam com alguma "forma de autenticação (...) feita por meio da reivindicação da história do grupo cultural em questão" (ROSEMBERG, 2003 p. 142).

Construir uma identidade negra positiva em uma sociedade que, historicamente, ensina ao negro, desde muito cedo, que vivemos à sombra de uma imagem da convivência racial pacífica cunhada por Freyre, no início do século XX, que se transforma de uma concepção negativa em exótica, de científica se modifica em espetáculo (SCHWARCZ, 1993), ensina, também, que, para ser aceito, é preciso negar-se a si mesmo, o que constitui um desafio a ser enfrentado pelos negros brasileiros.

Partimos da compreensão de Nilma Gomes (2003, p. 171), a respeito da identidade negra quando afirma que:

> A identidade negra é entendida, como uma construção social, histórica, cultural e plural. Implica a construção do olhar de um grupo étnico/racial ou de sujeitos que pertencem a um mesmo grupo étnico/racial sobre si mesmos, a partir da relação com o outro. Um olhar que, quando confrontado com o do outro, volta-se sobre si mesmo, pois só o outro interpela nossa própria identidade.

Nessa perspectiva, pensamos a escola como um espaço social específico de formação inserida num processo educacional amplo, onde encontramos mais do que currículos, disciplinas escolares, regimentos, projetos políticos pedagógicos, provas e conteúdos. Deparamo-nos com diferentes agentes (BOURDIEU, 2000) que se relacionam, que se comunicam e que se encontram. A escola, na perspectiva apontada por diversos autores (GOMES, 2002; COELHO, 2009, 2010; ROSEMBERG, 1992, entre outros), pode ser considerada, então, como um dos espaços que interferem na construção da identidade negra. O olhar lançado sobre o negro e sua cultura, no interior da escola, tanto pode valorizar identidades e diferenças quanto pode estigmatizá-las, discriminá-las, segregá-las e até mesmo negá-las (GOMES, 2002, p. 39).

A identidade, portanto, é um processo relacional e contínuo, construído pelos agentes nos vários espaços nos quais circulam. A identidade de crianças negras brasileiras apresenta particularidades passíveis de serem atribuídas a seu pertencimento racial. Nesse percurso, as crianças negras defrontam-se, na escola, com compreensões, sobretudo na literatura, de negação de suas marcas raciais, pelo embranquecimento reiteradamente descrito nas narrativas. Muitas vezes, essas compreensões debatem-se com sua própria visão e experiência da negritude e das diversas maneiras como estas são tratadas.

O PÚBLICO-ALVO

O público-alvo deste projeto serão crianças do 2º e 3º anos, na faixa etária de 07 a 09 anos.

Para a compreensão dessa faixa etária, este projeto tem por base teórica os postulados de Vygotsky (1978), para o qual a maneira de ver o sujeito e de ver o seu desenvolvimento confere à sua teoria uma postura "sócio-interacionista", pela postulação de que o conhecimento é construído na interação sujeito-objeto e de que essa ação do sujeito sobre o objeto é socialmente mediada.

> A autonomia do sujeito e a regulação de suas ações constroem-se sobre interações. Há, mais e mais, um domínio dos meios de ação que antes eram partilhados de alguma forma, em algum grau. A linha do desenvolvimento é, em conseqüência, uma linha de diferenciação e formação do indivíduo, de individuação do seu funcionamento. A criança é um ser social que se faz indivíduo ao mesmo tempo que incorpora formas maduras de atividade de sua cultura. Individualiza-se e se socializa. A relação social/individual implica, portanto, vinculação genética e constituição recíproca.(GÓES, 1991, p.21).

Portanto, os processos de incorporação da cultura e individuação permitem a passagem de formas elementares de ação a formas complexas, mediadas. As funções psicológicas superiores como a percepção, memorização, atenção, pensamento e imaginação são marcadas pelo uso de recursos da mediação internalizados. O alcance dessas formas superiores ocorre através da relação interpessoal com outros homens em que o indivíduo vai interiorizar as formas culturalmente estabelecidas de funcionamento psicológico. Desse modo, "a inserção social, seja através dos diversos elementos da cultura, seja através do ambiente culturalmente estruturado, fornece a matéria-prima para o desenvolvimento psicológico do indivíduo" (OLIVEIRA, 1992, p. 50).

AS ATIVIDADES E SUAS ESTRATÉGIAS

Para o desenvolvimento deste projeto, algumas ações serão desenvolvidas a partir da literatura pertinente às Relações Raciais no Brasil, bem como da Legislação vigente e da contação de histórias de temas raciais, a saber:

Atividade 1

Apresentação para a comunidade escolar do projeto de intervenção, considerando a Legislação sobre as Relações Raciais e a Educação, para que tenham conhecimento da importância da aplicabilidade deste projeto e do conteúdo que traz a Lei nº 10.639/2003, bem como suas Diretrizes.

Nesta ação vê-se o fortalecimento do compromisso com a defesa da construção do pleno exercício da cidadania. Levando-se em consideração que é preciso educar o indivíduo para a convivência saudável no espaço em que está inserido, ao propor este trabalho, busca-se a compreensão de como são construídas as relações raciais. A importância disso consiste na quebra de preconceitos, inclusão social e promoção da equidade. Para atingir essa ação, a exposição oral e visual dos principais aspectos da Legislação e de suas Diretrizes serão fundamentais, bem como a utilização do vídeo *Vista minha Pele*.

Atividade 2

Subsidiar o trabalho docente, a fim de que a discussão sobre a temática racial por meio dos contos africanos seja abordada em todas as disciplinas.

Para esta ação, trazemos a contribuição das autoras Gomes (2003) e Coelho (2009) que em seus estudos reiteram a importância do trabalho pedagógico. Para ambas, a escola é vista como um espaço em que aprendemos e compartilhamos não só conteúdos e saberes escolares, mas, também, valores, crenças e hábitos, assim como preconceitos raciais, de gênero, de classe e de idade. Para atingir essa ação, serão apresentados alguns contos africanos, para que o professor discuta com seus pares as principais contribuições destas obras para a constituição da identidade positiva da criança na escola, como: "*As tranças de Bintou*", de Sylviane Anna Diuof; "*Bruna e a Galinha d´Angola*", de Gercilga de Almeida. Ao vivenciar essa atividade, o professor volta-se para a observação das diferenças enquanto características, e abandonam-se preconceitos que ao longo do tempo da história serviam para a desvalorização dos atributos individuais. Os contos apresentados são expressão de resistência às ideologias que marcaram e marcam a opressão ao negro, se fundem na noção do não racismo, na integração dos povos, na cooperação e na solidariedade entre os membros da sociedade. Ressaltam ainda a beleza e a afabilidade da raça negra. Circunscrevem um lugar de respeito e dignidade para os negros. Subjaz a ideia de que o mundo é um lugar para todos, e não para alguns.

Ao se servir de um material paradidático, o professor precisa dominar sua utilização em termos conceitos e práticos. Esta deverá ocorrer após o trabalho de leitura e apreensão dos aspectos essenciais da narrativa. Tais aspectos podem reforçar positiva ou negativamente os traços identitários, os valores culturais e mesmo a própria referência de beleza da criança (onde a nosso ver reside um perigo iminente, o da transformação do corpo em favor de uma cultura eurocêntrica de consumo) ao dimensionar os personagens como feios ou bonitos, ativos e corretos em suas atitudes, ou passivos e redimidos pela atitude do outro.

Atividade 3

Fornecer aos alunos conhecimentos sobre a história e contribuição da população negra para a construção da nação brasileira por meio das sessões de contação de histórias nas turmas elencadas para aplicação deste projeto.

Nesta ação será fundamental estimular o convívio e o respeito às diferenças. Nas sessões, as crianças terão a oportunidade de saber que existem contos, histórias de diferentes etnias, produzidas por diferentes povos, como africano, indígena, europeu, entre outros.

Atividade 4

Registrar conhecimentos e atitudes adquiridas pelas crianças por meio de desenhos a partir da apresentação das histórias que valorizem a identidade negra; Exposição de um painel com os desenhos produzidos pelos alunos na Feira de Arte e Cultura da Escola, com explanação oral dos alunos.

A AVALIAÇÃO

Considerando o mote para a discussão da temática étnico-racial e de valorização de identidades positivas acerca do negro por meio de dois contos da Literatura Infantil Brasileira, este projeto apresenta como proposta de avaliação a verificação de autovalorização e confiança por parte das crianças negras, à medida que são reconhecidas no grupo pelos seus pares e pelos professores, bem como a aceitação e reconhecimento da negritude no contexto escolar. Outro aspecto a considerar: provocar mudanças na forma de olhar para a história e para as questões naturalizadas na sociedade, como as do negro, do racismo, do preconceito, buscando enfrentá-las pedagogicamente no cotidiano escolar. Ou seja, desconstruir conhecimentos que inferiorizam as diferenças e contribuir na formação da identidade de crianças negras e não negras para que possam ser cidadãos conscientes na luta pela igualdade racial.

REFERÊNCIAS

BERND, Zilá. *Introdução á Literatura Negra.* São Paulo: Editora Brasiliense, 1988.

BOURDIEU, Pierre. *O poder simbólico.* 3 ed. Rio de Janeiro: Bertrand Brasil, 2000.

CAVALLEIRO, Eliane. *Do silêncio do lar ao silêncio escolar.* São Paulo: Contexto, 2000.

_______. Discriminação racial e pluralismo nas escolas públicas da cidade de São Paulo. In: SECRETARIA DE EDUCAÇÃO CONTINUADA, ALFABETIZAÇÃO E DIVERSIDADE. *Educação anti-racista*: caminhos abertos pela Lei Federal Nº. 10.639/03. Brasília, 2005.

COELHO, Wilma de Nazaré Baía. *A cor ausente*: um estudo sobre a presença do negro na formação de professores – Pará, 1970-1989. 2. ed. Belo Horizonte: Mazza Edições, 2009.

_______. *Educação e Relações Raciais*: Conceituação e Historicidade. São Paulo, Editora da Física, Coleção Contextos da Ciência, 2010.

_______. Igualdade e diferença na escola: um desafio à formação de professores. Natal – RN, *Revista Cronos,* v.7, p. 303 – 309 , jul./dez. 2006.

GOMES, Nilma Lino. O impacto do diferente: reflexões sobre a escola e a diversidade cultural. *Educação em foco,* Belo Horizonte, ano 4, n. 4, dez/2000, p. 21-27.

_______. Educação e identidade negra. *Aletria – revista de estudos de literatura. Alteridades em questão.* Belo Horizonte, POSLIT/CEL, Faculdade de Letras da UFMG, v. 6, n. 9, dez/2002, p. 38-47.

GÓES, Maria Cecília. A natureza social do desenvolvimento psicológico. *Cadernos CEDES. Pensamento e Linguagem: estudos na perspectiva da psicologia soviética.* 2. ed., São Paulo: Papirus, 1991, p. 17-24.

GOUVEA , Maria Cristina Soares. *Imagem do Negro na Literatura Brasileira.* São Paulo: Educação e Pesquisa, 2005.

HALL, Stuart. *Identidade Cultural na pós-Modernidade.* Rio de Janeiro: Editora DP&A, 1992.

MINISTÉRIO DA EDUCAÇÃO – *Valores Afro-Brasileiros na Educação* (MEC/Seed/Tv Escola Salto para o Futuro).

MUNANGA, Kabengele. *Superando o Racismo na Escola.* Brasilia, Distrito Federal: Editora do Ministério da Educação, 2005.

NEGRÃO, E. V. Preconceitos e discrimanções raciais em livros didáticos. *Cadernos de Pesquisa,* São Paulo, n. 64, p. 52-65, maio 1988.

OLIVEIRA, Marta Kohl de. *Algumas Contribuições da psicologia cognitiva.* Série Ideias n. 6, São Paulo: FDE, 1992. p. 47-51.

PINTO, Regina Pahin. A escola e a questão da pluralidade étnica. *Cadernos de Pesquisa.* Fundação Carlos Chagas, São Paulo, n. 55, 1985, p. 3-17.

________. Movimento Negro e Educação do Negro: a ênfase na identidade. *Cadernos de Pesquisa.* Fundação Carlos Chagas, São Paulo, n. 86, 1993, p. 25-38.

_______. Raça e Educação: uma articulação incipiente. *Cadernos de Pesquisa.* Fundação Carlos Chagas, São Paulo, n. 80, 1992, p. 41-50.

_______. Multiculturalidade e Educação de Negros. *Cadernos CEDES,* Campinas/SP, n. 32, 1993.

ROSEMBERG, Fúlvia. *Literatura Infantil e Ideologia.* São Paulo: Global Editora, 1984.

_______. et al. *Análise dos modelos culturais na literatura infanto-juvenil brasileira.* São Paulo: Fundação Carlos Chagas, 1992, n. 19.

_______. Racismo em livros didáticos brasileiros e seu combate: uma revisão da literatura. *Educação e Pesquisa,* São Paulo, v. 29, n. 1, p. 125-146, jan./jun. 2003.

SANTOS, Milton. Ser negro no Brasil hoje. *Folha de São Paulo* – Mais – Brasil 501 d.C., 7 de maio de 2000.

SILVA, Paulo Vinicius Baptista da. *Relações Raciais em Livros Didáticos de Língua Portuguesa.* Tese (Doutorado em Psicologia Social), PUC/SP, 2005.

SCHWARCZ, Lilia K. Moritz. *O espetáculo das raças*: cientistas, instituições e questão racial no Brasil, 1870 -1930. São Paulo: Companhia das Letras, 1993.

TRINDADE, Azoilda Loretto, SANTOS, Rafael dos. *Multiculturalismo mil e uma faces da escola* . Rio de Janeiro: Editora DP&A, 2000.

ZIBERMAN, Marisa Lajolo. *Literatura Infantil Brasileira:* História e Histórias. São Paulo: Editora Ática, 1998.

CAPÍTULO 9

Outros desafios à sala de aula: narrativas afroindígenas na prática educativa

Agenor Sarraf Pacheco
Josias de Souza Sales

> "A sociedade é apenas uma sala de aula muito maior". *Antônio Sampaio Dória*

> "As narrativas permitem compreender processos de socialização com os quais homens e mulheres são formados em seus espaços escolares, ou sejam como lembranças (registros) sobre termos que constroem categorias raciais são importantes para identificarmos cristalizações sobre a história do negro (e do índio) narradas nas escolas". *Maria do Socorro R. Padinha e Josebel Akel Fares*

POÉTICAS ESCOLARES: PRIMEIRAS PALAVRAS

Sala de aula, lugar de múltiplas possibilidades: espaço de aprendizagens, conquistas e emancipações; território de contradições, emoções, reivindicações; ambiente de encontros, desencontros, reencontros; terreno de escutas, silêncios e discriminações. Sala de aula de inúmeras histórias: de alunos, professores, gestores, pessoal de apoio, genitores; homens e mulheres de variadas cores, vivências, dissabores. Quantas histórias ainda podem ser escritas sobre a sala de aula? Quantos projetos ainda podem ser experienciados nesta "zona de contato" tão pequena e tão grande, pública e privada, silenciada e visibilizada que povoa a escola brasileira, amazônica, paraense?

Tema de livros, teses, artigos científicos, para ficar apenas em trabalhos acadêmicos, sem esquecer representações incrivelmente talhadas em visualidades e letras por artistas e literatos, a sala de aula continua a inquietar pesquisadores, professores, planejadores, entre outros agentes sociais responsáveis por investigações, ações e intervenções em ambientes escolares. Microespaço de poder, para lembrar Foucault, lugar de construção do capital cultural, para não esquecer Bourdieu, a sala de aula é o meio por excelência de mediações e mudanças socioculturais e políticas na história daqueles que a vivenciam.

Contudo, as contradições e desigualdades que envolvem o sistema educacional brasileiro deixam ver ainda hoje, depois de um tempo de importantes conquistas, especialmente no campo da educação continuada de professores e da construção de novos métodos de ensino, ambíguas fisionomias da sala de aula. Em outra direção, esse ambiente de poderes, saberes e fazeres, mesmo alinhavado por formas de silêncio, tem sido problematizado como espaço rico de possibilidades para o exercício de novas práticas educativas.

Em diferentes lugares, educadores inquietos e responsáveis com a formação integral de seus alunos procuram experienciar cotidianamente caminhos para qualificar e atribuir novos sentidos ao exercício competente de sua profissão. No afã de enfrentar discursos, gestos, silêncios e tácitas práticas discriminadoras e preconceituosas, especialmente contra índios, negros e afroindígenas[31] que povoam os bancos escolares, muitos

[31] O termo afroindígena tornou-se categoria analítica presente nos estudos de Pacheco (2009). Conforme sua apreensão, as diferentes "zonas de contato" estabelecidas entre nações indígenas

professores vêm debruçando-se para fazer de seu *metier*, lócus de escuta de vozes e ações concretas que primam por pintar um outro rosto à sala de aula.

Inspirado na tessitura dessa trajetória, este texto pretende contribuir com a formação de professores e alunos sobre a temática das relações étnico-raciais em âmbito escolar. Deste modo, inicialmente, contextualiza o tema e a proposta de intervenção à luz do campo teórico-metodológico, justificando essas escolhas. Em seguida, apresenta a realidade escolar eleita para estudo e aplicação do projeto de intervenção, discutindo a formação de professores e as relações raciais. Finalmente, apresenta o projeto – *Narrativas Afroindígenas na Sala de Aula* – focalizando as atividades a serem desenvolvidas por educadores e educandos sob o acompanhamento da gestão escolar.

A SALA DE AULA E AS NARRATIVAS À LUZ DOS ESTUDOS CULTURAIS

Os Estudos Culturais constituíram-se como centro de investigações interdisciplinares a partir de 1964, na universidade de Birmingham, Inglaterra. Richard Hoggart (1918), Raymond Williams (1921-1988) e Stuart Hall (1932), seus principais e primeiros representantes, viveram experiências intelectuais e políticas que lhes permitiram refletir a indissociabilidade entre pesquisa, ensino e prática sociopolítica[32].

Formados dentro da tradição marxista, mas problematizando desde o seu nascedouro algumas categorias analíticas defendidas pelos seguidores de Marx, como a ortodoxia, o caráter doutrinário, o economicismo, a relação infraestrutura x superestrutura, o determinismo, as metanarrativas,

e africanas desde o período colonial, sejam no agenciamento coletivo de estratégias de fugas, sejam nas trocas de saberes, religiosidades e perspectivas de vida, permitem percepções dos variados entrelaçamentos dos mundos nativos e diaspóricos em territórios amazônicos.

[32] Para aprofundar leituras sobre esse campo de estudo, ver referências ao final do texto.

o eurocentrismo (HALL, 2003, p. 137), os chamados pais fundadores do Centro Contemporâneo de Estudos Culturais, desde seus primeiros trabalhos, procuraram retirar da marginalidade não apenas temas, problemas e sujeitos, mas defenderam a escrita acadêmica como voz de denúncia contra formas de racismos, preconceitos, intolerâncias e arma de luta em prol da transformação social.

A opção por essa teoria para fundamentar o lócus da pesquisa, o cotidiano de professores e alunos frente às relações raciais e a construção da proposta de intervenção com narrativas afroindígenas na sala de aula, procura evidenciar compromissos do saber acadêmico com a defesa de princípios críticos, humanizadores e de inclusão social na formação de professores, alunos e sociedade em geral.

Este texto trilha, portanto, o desafio de discutir, entre os muitos caminhos que podem ser pensados e planejados para a construção de espaços escolares democráticos e emancipadores, uma proposta de educar para a diversidade e respeito à diferença, explorando narrativas afroindígenas de expressão amazônica em sala de aula. A escolha da temática pode ser justificada por dois significativos aspectos.

Primeiro pela sua forte evidência em textos escritos, fruto de investigações já realizadas por alguns estudiosos; ou saberes orais, vivos e em recriações na memória de moradores de bairros de Belém, região metropolitana, como o município de Ananindeua, ou em espaços urbanos e rurais amazônicos. Segundo pela possibilidade de explorar na sala de aula a riqueza das histórias, identidades e saberes locais presentes nessas narrativas, sugerindo revisões interdisciplinares no conteúdo curricular do 4º e 5º ano do Ensino Fundamental.

RETRATOS DE REALIDADE: A ESCOLA, OS PROFESSORES E A QUESTÃO RACIAL

Entre os municípios que compõem a chamada região metropolitana de Belém, está Ananindeua, cuja população apresentada no censo de 2010 foi de 505.512 habitantes. Um de seus bairros chama-se Águas Lindas, localizado nas proximidades da área central, entre Júlia Seffer e Guanabara. Ali se localiza, em regime de convênio, a Escola de Ensino Fundamental João XXIII, espaço eleito para ser trabalhado por esta proposta de intervenção.

Frequentemente o Águas Lindas é veiculado pelos meios de comunicação como uma área com alto índice de violência[33]. Relatos feitos por alunos dão conta de assaltos e/ou atos de violência ocorridos no bairro com certa frequência. A escola conveniada com a Secretaria de Educação do Estado do Pará (SEDUC-PA) é mantida pelo Centro Social Sagrada Família, sob a administração das Irmãs Missionárias do Coração Eucarístico de Jesus, vinculadas à Igreja Católica[34].

Parte das famílias que são assistidas pelo Centro Social Sagrada Família é oriunda dos bairros que compõem a cidade de Ananindeua. Porém, pessoas de cidades próximas, tais como Belém, Marituba, Benevides e Santa Bárbara, também procuram o referido centro em busca de acompanhamento psicológico ou atividades educacionais, culturais, esportivas. A Escola João XXIII oferece educação formal e a maior parte da clientela atendida é moradora principalmente dos bairros de Ananindeua.

Ao adentrar nos espaços internos da escola, a primeira impressão é que sua planta arquitetônica e execução não estiveram sob a pena e a orientação de arquitetos e engenheiros. Apesar de ter sido construída em um espaço com bastante área livre, a localização dos blocos com relação aos pontos cardeais, bem como sua disposição, não permite uma ventilação

---

[33] Os dados referentes aos índices de violência na cidade de Ananindeua não estão disponíveis no site da Secretaria de Segurança Pública do Estado do Pará. Este se encontra "indisponível em obediência a Lei Eleitoral", conforme assinala sua página de abertura.

[34] O Centro Social Sagrada Família é uma instituição filantrópica registrada nos Conselhos Nacional de Assistência Social Federal e Municipal, reconhecido como sendo de utilidade pública pelas esferas federal, municipal e estadual. Atende crianças e adolescentes que se encontram em situação de vulnerabilidade social.

adequada para um local onde se concentram, em média, mais de 20 pessoas em cada sala.

O pé direito do prédio é muito baixo para o funcionamento da escola. A cobertura é de brasilit, não possui forro, a iluminação é inadequada, alguns ventiladores de teto não funcionam. O piso é de cimento cru. Quando a área que fica entre os blocos é varrida, produz-se poeira em abundância, necessitando de água para abafá-la. A sala dos professores, mesmo com uma central de ar ligada, não proporciona aos profissionais da escola uma sensação de bem estar em função da presença de diversos armários com centenas de livros dispostos por todas as paredes que compõem aquele espaço.

Apesar desses problemas estruturais, as observações preliminares realizadas permitem dizer que a relação entre direção, corpo docente, alunos e comunidade em geral é dialógica. Mesmo em se tratando de um espaço escolar localizado em um bairro de risco, cujo público alvo focaliza crianças oriundas de famílias carentes, até o presente momento não ocorreu nenhum fato que necessitasse acionar as instituições de segurança pública.

A escola atende alunos do 1º ao 9º ano. Em 2010 matriculou 345 alunos, distribuídos em 13 turmas nos horários matutinos e vespertinos. Quando a pesquisa foi realizada, 18 alunos já tinham abandonado a escola, o que totalizava 7,0% o índice de evasão escolar. Os resultados obtidos no Índice de Desenvolvimento da Educação Básica (IDEB) respectivamente nos anos de 2005, 2007 e 2009, nas turmas de 4º e 5º ano, foram 2,7 – 2,9 – 2,9. Esses índices estão abaixo da média apresentada pelo município que foram 3,1 – 2,8 – 3,7. Esses quadros justificam a escolha do público e dos professores como alvo à realização do Projeto "*Narrativas Afroindígenas na Sala de Aula*".

A instituição possui 29 professores, destes 25 (86%) são professoras e 04 (14%) são professores. No que concerne à formação acadêmica, 04 (14%) professores possuem cursos de especialização, 18 (62%) o ensino superior e 07 (24%) apenas o magistério. Já sobre a forma como esses professores se autoidentificam etnicamente, 43% se autodeclaram pardos, 21% negros, 22% brancos, 7% não responderam e 7% se declaram brancos e pardos, concomitantemente.

Nessa última categoria, há uma situação atípica, ou seja, segundo os entrevistados, em suas certidões de nascimento estão classificados como brancos, mas se consideram pardos. Esse pequeno indício é uma grande pista para não se perder de vista a forma como órgãos oficiais de registros pessoais e populacionais foram constituídos e orientados para apagar as diferenças étnico-raciais no Brasil, negando que "40 a 60% da população nacional possui ascendência africana" (SERRANO & WALDIMAN, 2007, p. 14).

Os dados populacionais divulgados pelo Instituto Brasileiro de Geografia e Estatística (IBGE) não dão conta da complexidade do sistema de identificação étnico-racial do povo brasileiro. Paixão e Carvano assinalam que dentre as perguntas presentes no questionário do censo demográfico, essa identificação é, para o campo antropológico, *o quesito por excelência.*

Para os autores, "a complexidade da variável étnica e/ou racial no interior dos sistemas estatísticos" pode ser melhor compreendida no exame de quatro vetores: a) a identificação elaborada pela própria pessoa para falar de si e de seus semelhantes; b) a ideologia dominante na sociedade que determina com quais padrões de classificação se deve operar; c) os enfrentamentos desencadeados pelos grupos sociais marginalizados para desmontar esses padrões e obter "reconhecimento de valores culturais, estéticos, simbólicos e ancestrais"; e, d) poder, estratégia e visibilidade revelada pelo contingente étnico político e economicamente dominante numa dada realidade, e seus comportamentos frente aos outros grupos sociorraciais (2008, pp. 25-6).

A sala de aula como território que influencia e é influenciado tanto pela construção e materialização dessas normas, quanto por suas disseminações, afirmações ou contestações, torna-se lugar privilegiado para se sondar representações operadas pelos grupos sociais no que diz respeito ao sistema de identificação dominante. Uma investigação para sondar percepções de professores e alunos da Escola João XXIII sobre si, seus parentes, amigos, vizinhos, no que diz respeito a padrões de beleza, estética, linguagens e tradições permitiria esquadrinhar essas representações. Preconceitos, discriminações, intolerâncias possivelmente não passariam ao largo desses discursos e experiências compartilhadas.

Pela forma como a escola historicamente foi gestada no Brasil, um complexo processo de exclusão das populações menos favorecidas foi erigido. Índios, negros, afroindígenas tiveram suas histórias, memórias, saberes e crenças negligenciadas durante muitos anos pela escrita acadêmica e, consequentemente, pelos conhecimentos selecionados para transmissão em livros didáticos distribuídos pelo governo federal às unidades de ensino.

O retrato da sala de aula pintado pelas políticas governamentais invisibilizou os grupos sociais que sustentaram a vida e garantiram o desenvolvimento da nação brasileira. Munanga, discutindo sobre os instrumentos de trabalho utilizados pelos professores em sala de aula, constata que eles transportam

> conteúdos viciados, depreciativos e preconceituosos em relação aos povos e culturas não oriundos do mundo ocidental. Os mesmos preconceitos permeiam também o cotidiano das relações sociais de alunos entre si e de alunos com professores no espaço escolar. No entanto, alguns professores, por falta de preparo ou por preconceitos neles introjetados, não sabem lançar mão das situações flagrantes de discriminação no espaço escolar e na sala como momento pedagógico privilegiado para discutir a diversidade e conscientizar seus alunos sobre a importância e a riqueza que ela traz à nossa cultura e à nossa identidade nacional (2005, p. 15).

Atualmente, depois dos novos marcos legais – Lei nº 10.639/2003, Diretrizes Curriculares para a Educação das Relações Étnico-Raciais, Lei nº 11.645/08 e o Estatuto da Igualdade Racial –, pesquisas coordenadas e realizadas pela professora Dra. Wilma Coelho demonstram embaraços e limites em sua implementação na escola. "Muitas escolas não adotaram os dispositivos da Lei porque simplesmente não têm nenhum conhecimento dela ou a conhecem superficialmente. Esse desconhecimento é notável entre os professores – logo eles que deveriam dominar a legislação que influi diretamente no seu trabalho" (SANTOS et al., 2010, p. 10)

A resolução dessa problemática exige ações sérias, continuadas e concretas. Dentre as inúmeras possibilidades que podem ser planejadas e materializadas frente à necessidade de fazer avançar a educação pública no Pará, na implementação desse conjunto de legislações, este texto a partir de agora apresenta uma proposta de intervenção no cotidiano da sala de aula. Seus eixos centrais primam pela educação continuada dos professores, revisão dos conteúdos curriculares, especialmente no que diz respeito ao estudo da história e cultura africana, afro-brasileira e afroindígena, sugerindo o uso de novas metodologias de ensino, experiências de pesquisa e construção de saberes integrados e inclusivos no ambiente escolar.

NARRATIVAS AFROINDÍGENAS NA SALA DE AULA

> Sobre os cabanos, contam os antigos, historinhas interessantes. Uma é que eles, por onde andavam, deixavam muito dinheiro, ouro, jóias, pratas, etc. etc., enterrados com medo de serem roubados. Em Melgaço havia muita gente ficando rica desenterrando botijas de cabanos (mas precisava primeiro sonhar com os locais onde o tesouro estaria escondido). Sonhasse três (03) vezes, e não contasse o sonho a ninguém, nem tivesse ambição, o negócio estava seguro. Do contrário, o tesouro virava encantamento, por arte do "bicho do pé de pato" (MOURA, 1976, p. 06).

O mundo amazônico é por excelência laboratório rico em narrativas dos mais variados estilos, gêneros e matrizes. Quando o pesquisador passa a se interessar por recuperar e explorar essa vertente do patrimônio regional, depara-se com imaginários, cosmologias, crenças, costumes e modos de vida das populações nativas e diaspóricas aqui em (re)constituição. Gestada na confluência de tradições indígenas, europeias, africanas, asiáticas, a Amazônia Paraense tornou-se lócus para se sondar, em diferentes tipos de registros escritos, orais e visuais, heranças materiais e imateriais destes grupos sociais.

A narrativa das riquezas enterradas em tempo cabanal permite revisitar sagas e artimanhas operadas por índios, negros e afroindígenas contra a dominação de seus corpos e culturas pelos poderes políticos constituídos tanto no período colonial e imperial, quanto em momentos mais contemporâneos, diante de outras formas de exploração de sua mão de obra e inferiorização sofrida por seus descendentes.

Histórias semelhantes a essas raramente chegam ao cotidiano da sala de aula e são utilizadas como instrumento de leitura, interpretação, debate e reflexão sobre os grupos humanos que sustentaram as fronteiras coloniais e legaram às sociedades do presente um conjunto de saberes, equipamentos e técnicas que facilitam suas convivências e desenvolvimento social.

O projeto de intervenção "Narrativas Afroindígenas na Sala de Aula" tem como objetivo capacitar inicialmente os professores que trabalham com turmas do 4º e 5º ano do Ensino Fundamental da Escola Conveniada João XXIII, localizada no município de Ananindeua, no bairro de Águas Lindas, sobre a importância de se utilizar narrativas africanas e indígenas de expressão amazônicas na sala de aula.

O uso dessas narrativas como instrumento de ensino-aprendizagem permite ao professor diversificar sua práxis pedagógica, explorando novas atividades em sala de aula; valorizar o legado de heranças deixado pelas populações indígenas e africanas na conformação da nação brasileira; e, desconstruir silêncios, preconceitos e desqualificações que os modelos de educação dominante talharam na disseminação dos modos de vida destes agentes históricos.

Diante dessa importância, constituem-se etapas deste projeto:

1° Momento: Apresentação do projeto à escola

Por meio de uma reunião organizada com antecedência pela equipe elaboradora, o projeto será apresentado à escola e seus agentes. É preciso contar com a participação de toda a gestão escolar, os professores, bem como representantes de alunos, pais e pessoal de apoio.

Tempo: 1° mês

2° Momento: Oficina de leitura com os professores do 4° e 5° ano

Serão selecionados textos analíticos sobre literatura infantojuvenil, dando ênfase especialmente a autores que pesquisam narrativas indígenas e africanas. As obras *Literaturas Africanas e afro-brasileira na prática pedagógica*, dos autores Iris Maria da Costa Amâncio, Nilma Lino Gomes e Miriam Lúcia dos Santos Jorge, e *Literatura Oral no Brasil*, de Câmara Cascudo, serão leituras básicas nesta etapa do projeto.

Tempo: 2° mês

3° Momento: Pesquisa de campo

Depois de conhecer e familiarizar-se com discussões e propostas de alguns textos acadêmicos sobre o trabalho com as narrativas, os professores serão orientados para levantar nos bairros de seu município, com a participação de seus alunos, histórias de tradição oral de expressão indígena e africana. Concomitante a esse levantamento, os coordenadores do projeto extrairão de pesquisas acadêmicas publicizadas (monografias, dissertações, teses, livros acadêmicos, didáticos, paradidáticos), narrativas indígenas, africanas e afroindígenas.

Tempo: 3° e 4° mês

4º Momento: Oficina de confecção de livros infantojuvenis

De posse das narrativas coletadas tanto em campo, por meio da metodologia da História Oral, quanto extraídas de pesquisas bibliográficas, os professores confeccionarão livros para serem explorados em sala de aula. Esses materiais serão produzidos artesanalmente e sua estrutura deverá ter: capa ilustrada com identificação; introdução; desenvolvimento com apresentação das narrativas e sugestões de atividades para o professor explorá-las em sala de aula; glossário; considerações finais e referências.

Tempo: 5º mês

5º Momento: Narrativas Afroindígenas na sala de aula

De posse dos livros elaborados, os professores das turmas do 4º e 5º ano desenvolverão diferentes atividades para explorar esse material em sala de aula. A sugestão é que utilizem as narrativas por meio do trabalho com eixos temáticos capazes de permitir aos alunos ampliar conhecimentos sobre a história das populações indígenas e africanas, destacando práticas de trabalho, crenças e cosmologias, festas e danças, alimentação e vestimentas e sabedorias diversas. Ao trabalhar com essas temáticas, é importante que o professor aproveite para discutir e desconstruir com seus alunos formas de preconceitos, discriminações, intolerâncias, desigualdades, inferiorizações, historicamente vivenciadas por povos e culturas indígenas e africanas por todo o Brasil.

Tempo: Durante o segundo semestre

6º Momento: Culminância e avaliação do projeto

Ao longo do segundo semestre, os professores devem realizar registros de todas as atividades desenvolvidas com seus alunos, bem como planejar a confecção de *posters*, painéis, dramatizações, coreografias, entre outras técnicas de registros de atividades, para serem expostas e apresentadas na feira cultural da escola. Depois da feira, sugere-se que a gestão escolar promova uma reunião de avaliação do projeto, convidando coordenadores pedagógicos, professores, alunos e pais de alunos. Esta avaliação ajudará a escola a pontuar avanços e dificuldades encontradas no desenvolvimento das etapas do projeto e examinar a possibilidade de efetivá-lo como atividade permanente do calendário letivo, alcançando outras turmas e professores.

Almeja-se que as indicações apresentadas possam ser utilizadas não somente pelos professores da Escola João XXIII, mas também por educadores de variadas partes do Brasil e da Amazônia, fazendo, quando necessárias, as devidas adaptações, correções, reformulações e ampliações. O desejo é transformar a sala de aula em território de valorização e construção de histórias e memórias, nas quais "a cor" deixe de ser uma questão "ausente" (COELHO, 2009).

REFERÊNCIAS

AMÂNCIO, Iris Maria da Costa et al. *Literatura africanas e afro-brasileira na prática pedagógica*. Belo Horizonte: Autêntica, 2008.

BOURDIEU, Pierre. *O poder simbólico*. 5. ed. Rio de Janeiro: Bertrand Brasil, 2002.

CASCUDO, Luis da Câmara. *Literatura Oral no Brasil*. Belo Horizonte: Itatiaia; SP: USP, 1984.

COELHO, Wilma Coelho Baía. *A cor ausente*: um estudo sobre a presença do negro na formação dos professores – Pará, 1970-1989. 2. ed. Belo Horizonte: Mazza Edições, 2009.

COSTA, Wanderleya Gonçalves; SILVA, Vanisio Luiz. A desconstrução das narrativas e a reconstrução do currículo: a inclusão dos saberes matemáticos dos negros e dos índios brasileiros. In: *Educar*. Curitiba: UFPR, nº 36, 2010, p. 245-266.

CEVASCO, Maria Elisa. *Dez lições sobre Estudos Culturais.* 1. ed. São Paulo: Boitempo Editorial, 2003.

DÓRIA, Antonio Sampaio. *O preconceito em foco*: análise de obras literárias infanto-juvenis – reflexões sobre História e Cultura. São Paulo: Paulinas, 2008.

FOUCAULT, Michel. *A microfísica do poder*. São Paulo: Graal, 2007.

HALL, Stuart. *Da Diáspora*: identidades e mediações culturais. Tradução Adelaine La Guardiã Resende et. al. Belo Horizonte: Editora UFMG; Brasília: Representação da UNESCO no Brasil, 2003.

JOHNSON, Richard. *et al. O que é, afinal, Estudos Culturais?* Organização e tradução de Tomaz Tadeu da Silva. 3 ed. 1 reimp. Belo Horizonte: Autêntica, 2006.

MATTELART, Armand; NEVEU, Érik. *Introdução aos Estudos Culturais*. Tradução de Marcos Marcionilo. São Paulo: Parábola Editorial, 2004.

MOURA, Gabriel Severiano. *Melgaço por dentro (1770-1976)*. Melgaço, Datilografado, 1976.

MUNANGA, Kabengele (org.). *Superando o Racismo na escola*. 2ª ed. Revisada. Brasília: MEC/SECAD, 2005.

PACHECO, Agenor Sarraf. *En el Corazón de la Amazonía*: identidades, saberes e religiosidades no regime das águas marajoaras. Tese de Doutorado em História Social, PUC-SP, 2009.

PADINHA, Maria do Socorro Ribeiro; FARES, Josebel Akel. Narrativas orais, educação e memória. In: COELHO, Wilma de Nazaré Baía (org.). *Educação e relações raciais*: conceituação e historicidade. São Paulo: Editora Livraria da Física, 2010), p. 127-148.

PAIXÃO Marcelo; CARVANO, Luiz M. Censo e Demografia: a variável cor ou raça nos interior dos sistemas censitários brasileiros. In. PINHO, Osmundo Araújo, SANSONE, Lívio (Orgs.). *Raça*: novas perspectivas antropológicas. 2 ed. rev. Rio de Janeiro/Salvador: ABA/EDUFBA, 2008.

SANTOS, Raquel Amorim dos. et al. Apresentação. In: COELHO, Wilma de Nazaré Baía e MAGALHÃES, Ana Del Tabor. *Educação para a diversidade*: olhares sobre a educação para as relações étnico-raciais. Belo Horizonte: Mazza Edições, 2010.

SERRANO, Carlos; WALDMAN, Maurício. *Memória da África*: a temática africana em sala de aula. São Paulo: Contexto, 2007.

OS AUTORES

AMANDA BRAGA CRUZ

Graduada em História. Professora da Secretaria Executiva de Educação do Estado do Pará no município de Ananindeua. Aluna da Especialização em Relações Raciais para o Ensino Fundamental (UNIAFRO/MEC/UFPA), promovido pelo Núcleo GERA.

ANA DEL TABOR VASCONCELOS MAGALHÃES

Mestre em Educação (CNE/CES 54/2009), Licenciada em Educação Artística/Artes Plásticas pela Universidade Federal do Pará (1987), atualmente é professora Adjunto II da Universidade Federal do Pará, professora e coordenadora do Curso de Artes Visuais e Tecnologia da Imagem da Universidade da Amazônia. Vice-coordenadora do Curso de Especialização em Relações Raciais para o Ensino Fundamental (UNIAFRO/MEC/UFPA), promovido pelo Núcleo GERA.

Ana Karla Barbosa Bezerra

Graduada em Letras. Professora da Secretaria Municipal de Educação, no município de Ananindeua. Aluna da Especialização em Relações

Raciais para o Ensino Fundamental (UNIAFRO/MEC/UFPA), promovido pelo Núcleo GERA.

AGENOR SARRAF PACHECO

Doutor em História Social pela Pontifícia Universidade Católica da São Paulo. Professor Adjunto da Universidade Federal do Pará (UFPA), lotado no Instituto de Ciências da Arte (ICA), vinculado à Faculdade de Artes e Museologia (FAM) e ao Programa de Mestrado em Artes (PPGA). Professor do Programa de Mestrado em Comunicação, Linguagens e Cultura da Universidade da Amazônia. Integrante do Núcleo de Estudos e Pesquisa sobre Formação de Professores e Relações Étnico-Raciais (GERA).

CARLA ESTEFANY DE LIMA MEIRELES

Graduada em História. Professora da Secretaria Municipal de Educação em Nova Timboteua. Aluna da Especialização em Relações Raciais para o Ensino Fundamental (UNIAFRO/MEC/UFPA), promovido pelo Núcleo GERA.

CRISTIANO PINTO DA SILVA

Mestre em Educação pela Universidade Federal do Pará (2009). Assessor Técnico do Conselho Estadual de Educação. Coordenador do Curso de Pedagogia da Faculdade de Castanhal (FCAT). Integrante do Núcleo de Estudos e Pesquisa sobre Formação de Professores e Relações Étnico-Raciais (GERA).

ELIENE SEABRA AGUIAR DE BRITO

Pedagoga. Técnica em Educação, Coordenadora Pedagógica nas redes municipal e estadual de educação no município de Belém. Aluna da Especialização em Relações Raciais para o Ensino Fundamental (UNIAFRO/MEC/UFPA), promovido pelo Núcleo GERA.

FERNANDA JAIME ANDRADE

Licenciada em História. Professora da Secretaria Executiva de Educação do Estado do Pará no município de Capanema. Aluna da Especialização em Relações Raciais para o Ensino Fundamental (UNIAFRO/MEC/UFPA), promovido pelo Núcleo GERA.

GISELE NASCIMENTO BARROSO

Pedagoga. Professora da Secretaria Executiva de Educação do Estado do Pará no município de Belém. Aluna da Especialização em Relações Raciais para o Ensino Fundamental (UNIAFRO/MEC/UFPA), promovido pelo Núcleo GERA.

JOSIAS DE SOUZA SALES

Licenciado em História. Professor da Secretaria Executiva de Educação do Estado do Pará no município de Belém. Aluno da Especialização em Relações Raciais para o Ensino Fundamental (UNIAFRO/MEC/UFPA), promovido pelo Núcleo GERA.

JOSIMERE SERRÃO GONÇALVES

Pedagoga. Técnica em Educação da Secretaria Executiva de Educação do Estado do Pará no município de Igarapé-Miri. Aluna da Especialização em Relações Raciais para o Ensino Fundamental (UNIAFRO/MEC/UFPA), promovido pelo Núcleo GERA.

MÁRCYA LUZIA RODRIGUES

Licenciada em Letras. Professora da Secretaria Municipal em Belém. Aluna da Especialização em Relações Raciais para o Ensino Fundamental (UNIAFRO/MEC/UFPA), promovido pelo Núcleo GERA.

MARIA ANGÉLICA DE LIMA BELÚCIO

Pedagoga. Professora da Secretaria Executiva de Educação do Estado do Pará no município de Belém. Aluna da Especialização em Relações Raciais para o Ensino Fundamental (UNIAFRO/MEC/UFPA), promovido pelo Núcleo GERA.

MARIA AUGUSTA BRITO DO NASCIMENTO

Pedagoga. Professora da rede municipal de ensino em Belém. Aluna da Especialização em Relações Raciais para o Ensino Fundamental (UNIAFRO/MEC/UFPA), promovido pelo Núcleo GERA.

MARIA DO SOCORRO RIBEIRO PADINHA

Mestra em Educação. Doutoranda em Educação pelo Programa de Pós-Graduação em Educação da Universidade Federal do Pará. Integrante do Núcleo de Estudos e Pesquisa sobre Formação de Professores e Relações Étnico-Raciais (GERA).

MAURO CEZAR COELHO

Bacharel em História pela Universidade Federal Fluminense. Licenciado pela Universidade Federal Fluminense. Mestre em História Social da Cultura pela Pontifícia Universidade Católica do Rio de Janeiro. Doutor em História Social pela Universidade de São Paulo. Professor Adjunto II da Universidade Federal do Pará. Atualmente Diretor da Faculdade de História da Universidade Federal do Pará.

NICELMA JOSENILA BRITO SOARES

Pedagoga. Mestre em Educação pelo Programa de Pós-Graduação em Educação da Universidade Federal do Pará. Integrante do Núcleo de Estudos e Pesquisa sobre Formação de Professores e Relações Étnico-Raciais (GERA).

PATRÍCIA DO SOCORRO DE SENA FONSECA

Possui Graduação em Pedagogia pela Escola Superior Madre Celeste (ESMAC). Professora do Ensino Fundamental. Aluna do Curso de Especialização Lato Sensu em Relações Raciais para o Ensino Fundamental.

RAQUEL AMORIM DOS SANTOS

Possui Graduação em Pedagogia pela Universidade da Amazônia. Especialização em Currículo e Avaliação na Educação Básica Universidade do Estado do Pará – UEPA. Mestre em Educação – Linha de Currículo e Formação de Professores pelo Instituto de Ciências da Educação da Universidade Federal do Pará – UFPA. Membro do Grupo de Estudos e Pesquisa sobre Formação de Professores e Relações Étnico-Raciais - GERA/ICED/UFPA, sob a Coordenação da Profa. Dra. Wilma de Nazaré Baía Coelho. Atualmente, Doutoranda em Educação da Linha de Currículo e Formação de Professores – ICED/UFPA.

ROSANGELA MARIA DE NAZARÉ BARBOSA E SILVA

Possui Graduação em Pedagogia pela Universidade Federal do Pará – UFPA. Especialização em Gestão Escolar pela Universidade do Estado do Pará – UEPA. Mestre em Educação – Linha de Currículo e Formação de Professores pelo Instituto de Ciências da Educação da Universidade Federal do Pará - UFPA. É membro do Grupo de Estudos e Pesquisa sobre Formação de Professores e Relações Étnico-Raciais – GERA/ICED/UFPA, sob a Coordenação da Profa. Dra. Wilma de Nazaré Baía Coelho. Atualmente, Doutoranda da Linha de Currículo e Formação de Professores – ICED/UFPA.

SIMONE CARVALHO DE SOUZA

Possui Graduação em Pedagogia pela Universidade do Estado do Pará (UEPA). Professora do Ensino Fundamental. Aluna do Curso de

Especialização Lato Sensu em Relações Raciais para o Ensino Fundamental, promovido pelo Núcleo GERA.

SUZI HOLANDA BESERRA DOS PRAZERES

Pedagoga. Monitora em uma escola no distrito de Mosqueiro, município de Belém. Aluna da Especialização em Relações Raciais para o Ensino Fundamental (UNIAFRO/MEC/UFPA), promovido pelo Núcleo GERA.

WILMA DE NAZARÉ BAÍA COELHO

Pedagoga. Bolsista Produtividade do CNPq (Nível 2). Doutora em Educação pela Universidade Federal do Rio Grande do Norte (2005). Atualmente é professor adjunto III da Universidade Federal do Pará e titular III da Universidade da Amazônia. Coordena o Núcleo de Estudos e Pesquisa sobre Formação de Professores e Relações Étnico-Raciais. Coordena o Curso de Especialização em Relações Raciais para o Ensino Fundamental (UNIAFRO/MEC/UFPA).

Este livro foi composto em tipografia *Arno Pro* e impresso em papel Chamois Fine (miolo) e Cartão Triplex Ningbo Star (capa) no mês de março de dois mil e onze.